本书受西北民族大学校级规划项目"新丝路沿线民族地区与中亚经济相关性及合作"、西北民族大学科研创新团队西北民族地区经济与管理学科建设经费、甘肃省哲学社会科学重大研究基地民族地区经济社会发展研究中心经费（Z14143）资助

新丝路沿线西北四省协同发展及与中亚合作研究

曹颖轶　著

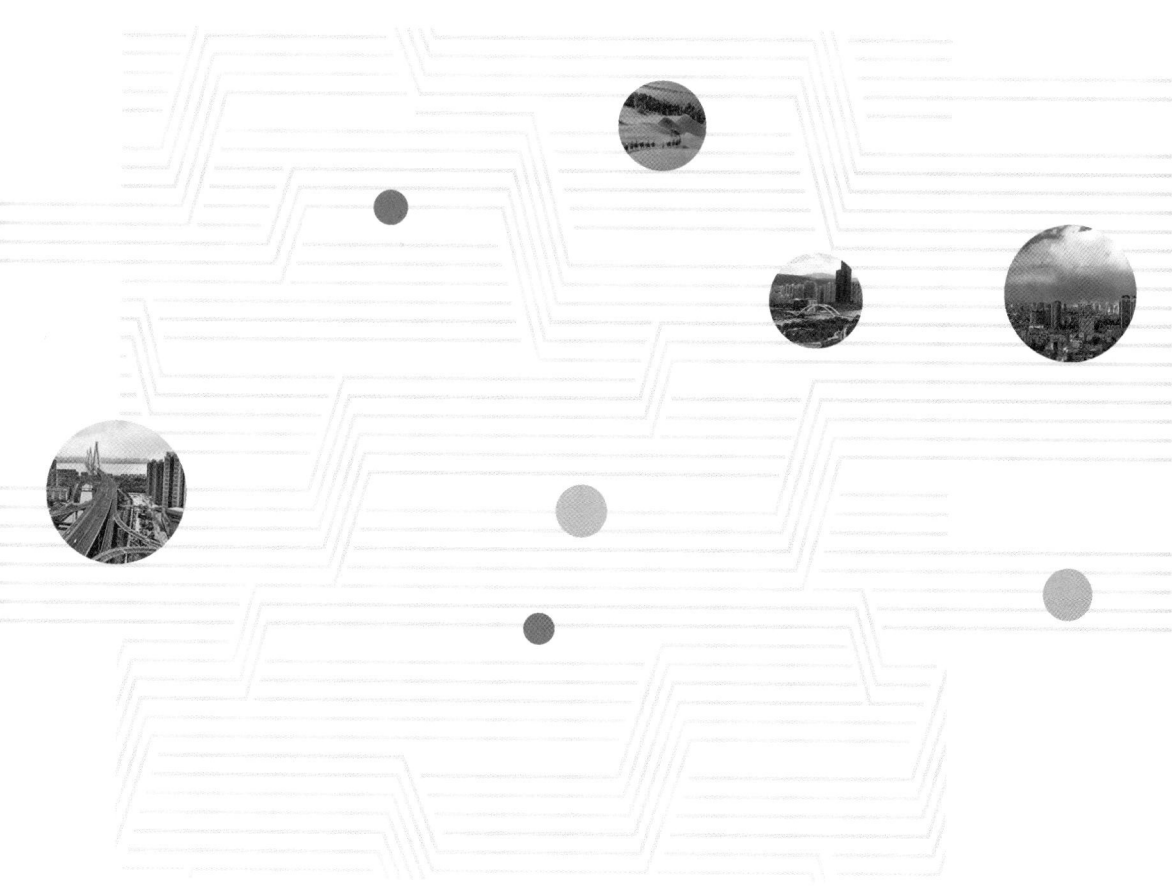

中国社会科学出版社

图书在版编目（CIP）数据

新丝路沿线西北四省协同发展及与中亚合作研究/曹颖轶著. —北京：中国社会科学出版社，2020.12
ISBN 978 - 7 - 5203 - 7845 - 1

Ⅰ.①新… Ⅱ.①曹… Ⅲ.①区域经济发展—协调发展—研究—西北地区 ②国际合作—研究—中亚 Ⅳ.①F127.4 ②D836.02

中国版本图书馆 CIP 数据核字（2021）第 021972 号

出 版 人	赵剑英
责任编辑	谢欣露
责任校对	周晓东
责任印制	王　超
出　　版	中国社会科学出版社
社　　址	北京鼓楼西大街甲 158 号
邮　　编	100720
网　　址	http：//www.csspw.cn
发 行 部	010 - 84083685
门 市 部	010 - 84029450
经　　销	新华书店及其他书店
印　　刷	北京明恒达印务有限公司
装　　订	廊坊市广阳区广增装订厂
版　　次	2020 年 12 月第 1 版
印　　次	2020 年 12 月第 1 次印刷
开　　本	710×1000　1/16
印　　张	12.75
字　　数	191 千字
定　　价	69.00 元

凡购买中国社会科学出版社图书，如有质量问题请与本社营销中心联系调换
电话：010 - 84083683
版权所有　侵权必究

前　言

"新丝绸之路经济带"（以下简称新丝路）建设的提出，将西北地区从对外开放的大后方、边陲，推向对外开放的最前沿、重要节点和关键枢纽，这将改变其发展定位，为西北地区带来前所未有的机遇，极大地促进西北地区开放型经济的发展。

新丝路途经中亚的哈萨克斯坦、吉尔吉斯斯坦、塔吉克斯坦、乌兹别克斯坦和土库曼斯坦五国（中亚五国）。处于我国西北地区的新疆、宁夏、青海和甘肃四个省份（以下简称西北四省）与中亚在地缘和经贸等方面具有一定的联系。新丝路建设对西北四省的经济发展起到了带动作用，截至2017年，西北四省GDP一直在稳步增长。与2016年相比，宁夏GDP增长了7.8%，新疆GDP增长了7.6%，青海GDP增长了7.3%，甘肃的GDP也增长了3.6%。在新丝路建设背景下，处于中国西北地区的宁夏、新疆、青海和甘肃四个省份抓住机遇，加快与中亚合作，进一步提高区域经济发展水平，具有重要意义。

该研究旨在通过探讨西北四省与中亚合作的基础，加快其向中亚开放的进程，提升开放型经济发展的水平，缩小其与中东部省份的经济发展差距，促进西北地区经济协同发展。研究内容主要包括以下五个方面：第一，西北四省经济发展水平的差异性和协同性；第二，西北四省对外开放竞争力评价；第三，西北四省与中亚经济相关性及合作可行性分析；第四，西北四省与中亚科技合作路径、智慧旅游合作模式研究；第五，西北四省特色产品产业嵌入中亚价值链模式选择等问题。

由于笔者的学识有限，错误与不足在所难免，恳请学界同人提出批评，以鼓励我在科学研究的道路上继续探索。本书在写作过程中参阅了大量的文献，对直接引用的文献都尽可能一一注明出处，在此对所有参考文献的作者表示诚挚的谢意。

目　录

绪　论 ……………………………………………………………… 1

第一章　西北四省经济差异分析 …………………………………… 4

第一节　西北四省经济发展概况 …………………………………… 4
第二节　西北四省经济梯度差异 …………………………………… 8
第三节　西北四省工业空间差异 ………………………………… 20

第二章　新丝路建设背景下西北四省协同发展 ………………… 32

第一节　西北四省经济协同水平测度 …………………………… 32
第二节　西北四省产业协同发展方向 …………………………… 42

第三章　西北四省对外开放竞争力测度及评价 ………………… 51

第一节　西北四省地区对外开放现状 …………………………… 51
第二节　西北四省对外竞争力评价指标体系构建 ……………… 57
第三节　西北四省对外开放竞争力测度 ………………………… 72
第四节　西北四省对外开放竞争力评价 ………………………… 89

第四章　西北四省向中亚开放面临的机遇、挑战及战略选择 …… 98

第一节　西北四省与中亚经贸关系 ……………………………… 98
第二节　西北四省向中亚开放的机遇与挑战 ………………… 104
第三节　西北四省向中亚开放战略选择 ……………………… 110

第五章　西北四省与中亚经济合作现状及路径选择 …………… 120

第一节　西北四省与中亚经济合作的现状及存在的问题 …… 123
第二节　西北四省与中亚经济合作的可行性及途径 ………… 129

第六章　西北四省与中亚科技及智慧旅游合作 ………………… 135

第一节　西北四省与中亚科技合作 SWOT 分析 …………… 135
第二节　西北四省与中亚科技合作路径 ……………………… 140
第三节　西北四省与中亚智慧旅游合作模式 ………………… 149

第七章　西北四省特色产品产业嵌入中亚价值链 ……………… 172

第一节　西北四省少数民族特色产品产业发展的
　　　　制约因素 …………………………………………… 173
第二节　西北四省特色产品产业嵌入中亚价值链的
　　　　可能性及必要性 …………………………………… 177

参考文献 ………………………………………………………………… 185

绪　　论

从1978年我国提出对外开放战略至今，我国扩大国际经济贸易、积极参与经济全球化，经济发展取得了前所未有的成就。对外开放是强国富民的必由之路。党的十九大报告中提出，我国要"发展更高层次的开放型经济、推动形成全面开放新格局"。这些战略部署既适应经济全球化新趋势，又深刻把握国内改革发展新要求，充分表明中国开放的大门不会关闭，只会越开越大，我国将坚定不移地实行对外开放战略，不断提高对外开放的质量和水平。

"一带一路"建设将促进我国逐步形成陆海内外联动、东西双向互济的开放格局，这将改变处于西北地区的甘肃、青海、宁夏和新疆的发展定位，为其带来前所未有的机遇，极大地促进开放型经济的发展。处于新丝路沿线的新疆、宁夏、甘肃和青海四个省份，自古以来就与丝绸之路息息相关，有着很深的历史渊源。同时，该四个省份一直是我国经济发展的短板，并且处于大陆的内部，属于我国对外开放的边陲、后方，对外开放水平很低。新丝路建设，将它们从对外开放的大后方、边陲，推向对外开放的最前沿，使其成为重要节点和关键枢纽。

自2013年习近平总书记提出建设"一带一路"倡议以来，新疆由于独特的地理位置，已经成为我国与中亚地区进行贸易往来中最重要的一环。截至2017年，西北四省地区GDP一直在稳步增长。与2016年相比，宁夏GDP增长了7.8%、新疆GDP增长了7.6%、青海GDP增长了7.3%、甘肃GDP增长了3.6%。由此可以看出，新丝路建设确实对我国西北四省的经济发展起到了带动作用。

中亚五国指的是哈萨克斯坦、乌兹别克斯坦、土库曼斯坦、塔吉克斯坦和吉尔吉斯斯坦。这五个国家总面积近 400 万平方千米,总人口达到了 5400 万,与我国新疆相邻。中亚五国独立时间较晚,产品结构单一,经济实力较弱,国内政治情况相对不稳定,经济发展一直处于较低水平。但是,这五国具有巨大的能源储备,哈萨克斯坦拥有丰富的石油、天然气等资源,天然气的储量居中亚国家第一位;乌兹别克斯坦是中亚地区主要的天然气开采国,年产气量达到了 300 亿立方米以上;吉尔吉斯斯坦的煤炭储量在中亚国家中占据主要地位,被称为"中亚煤斗";土库曼斯坦尽管是世界上最干旱的地区之一,但是该国地下也蕴藏着丰富的石油和天然气资源,占中亚地区天然气储量的 56%;塔吉克斯坦地处山区,铀储量、铅矿、锌矿都占中亚第一位。

作为向中亚开放的桥头堡,研究新丝路沿线新疆、甘肃、宁夏和青海西北四省与中亚经济合作可行性、途径及模式,对于西北地区发展开放型经济,提高对外开放水平,发展与中亚经贸合作等具有重要意义。通过分析西北四省间经济发展的差异性,有助于促进它们的经济协同发展。因西北四省与中亚在地缘和经贸等方面具有一定的相关性,研究其对外开放竞争力,以及新丝路建设背景下与中亚经济合作中面临的机遇与挑战、与中亚的经贸关系及存在的问题,有助于提升西北四省与中亚合作基础,加快向中亚开放的进程,缩小其与中部、东部省份的经济差距。

全书由七章构成,按照研究内容的逻辑关系可以划归为两个部分(见图 1)。

第一部分涵盖第一章至第四章,重点关注西北四省如何在新丝路建设背景下如何抓住机遇、协同发展及向中亚开放。具体内容如下:第一章研究西北四省经济发展现状、经济梯度及工业空间差异;第二章分析了西北四省经济协同水平和产业协同发展方向;第三章为西北四省对外开放竞争力测度及评价;第四章分析了新丝路建设背景下西北四省向中亚开放面临的机遇与挑战。

第二部分涵盖第五章至第七章,重点关注:西北四省与中亚开展科技与旅游合作的可行性、途径及模式,特别是"互联网+科技"的

```
                    ┌──────────────┐
                    │ 新丝路建设背景 │
                    └──────┬───────┘
                  ┌────────┴────────┐
         ┌────────▼─────┐   ┌───────▼──────┐
         │ 西北四省经济   │   │  西北四省    │
         │ 发展现状及差异 │   │ 对外开放水平 │
         └────────┬─────┘   └───────┬──────┘
         ┌────────▼─────┐   ┌───────▼──────┐
         │  西北四省    │   │ 西北四省向中亚开放│
         │  协同发展    │   │ 面临的机遇与挑战 │
         └────────┬─────┘   └───────┬──────┘
                  └────────┬────────┘
                  ┌────────▼────────┐
                  │ 西北四省与中亚   │
                  │ 合作的可行性与路径│
                  └────────┬────────┘
         ┌──────────┬──────┴────────┬──────────┐
    ┌────▼───┐ ┌────▼─────┐  ┌──────▼────┐ ┌───▼────┐
    │科技创新│→│西北四省与 │  │西北四省与 │←│绿色发展│
    │        │ │中亚科技合作│  │中亚智慧旅游│ │        │
    │        │ │           │  │合作       │ │        │
    └────────┘ └────┬──────┘  └───────────┘ └────────┘
                    │
              ┌─────▼──────┐
              │ 特色产品产业│
              │ 嵌入中亚   │
              │ 价值链研究 │
              └────────────┘
```

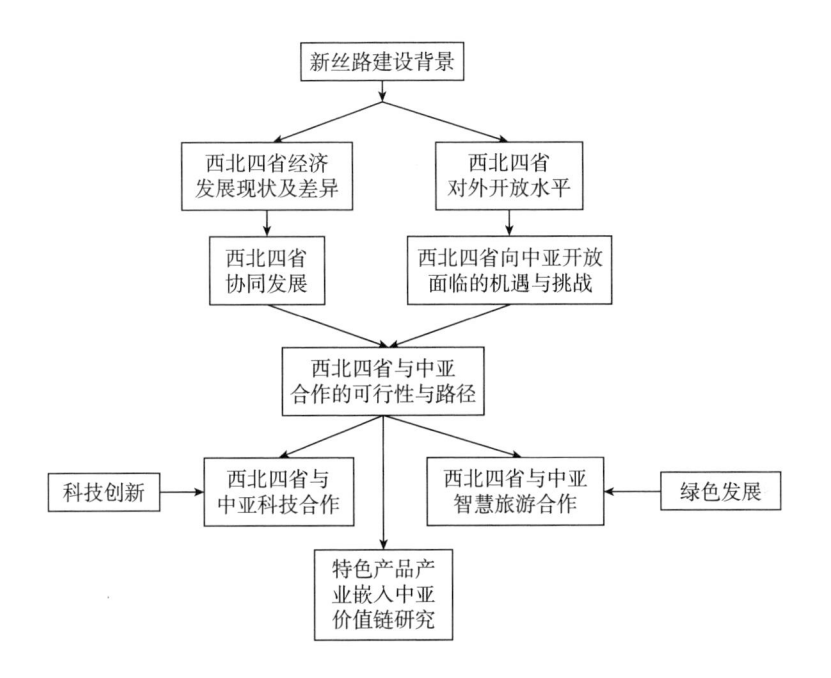

图 1　本书的研究框架

智慧旅游合作以及特色产品产业嵌入中亚价值链研究等问题，以期西北四省抓住机遇，合理转型，培养新的"科技+绿色"经济增长点，使保护生态环境和经济增长两不误。具体内容如下：第五章为西北四省与中亚合作的可行性与路径选择；第六章为西北四省与中亚科技与智慧旅游合作的 SWOT 分析、路径及模式选择；第七章为西北四省特色产品产业嵌入中亚价值链的可能性与必要性。

第一章 西北四省经济差异分析

区域经济发展的不平衡是世界上普遍存在的客观经济和社会现象。1978年对外开放以来,中国的经济发展得到了很大的提高,但是区域不平衡的问题也慢慢凸显出来。"新丝路"建设背景下,西北四省与中亚合作的区位优势明显,但是,由于资源、环境、地理位置、经济基础、历史等多种因素,各地区经济发展有明显的差异。西北四省整体上生态环境脆弱,经济社会发展相对落后,自然环境和地形地貌差异大。由于多民族因素,文化风俗、宗教信仰多元化等原因,区域发展不协调已经成为突出问题。

第一节 西北四省经济发展概况

一 近20年来西北四省经济发展水平

宁夏、新疆、青海和甘肃总面积约占我国总土地面积的1/3,有其独特的地理、资源和人文优势。如表1-1所示,近20年来西北四省的GDP都处于上升状态。

表1-1　　　　各地区1999—2018年GDP总值　　　　单位:亿元

年份	青海	甘肃	宁夏	新疆
1999	239.38	956.32	264.58	1163.17
2000	263.68	1052.88	295.02	1363.56
2001	300.13	1125.37	337.44	1491.60
2002	340.65	1232.03	377.16	1612.65

续表

年份	青海	甘肃	宁夏	新疆
2003	390.20	1399.83	445.36	1886.35
2004	466.10	1688.49	537.11	2209.09
2005	543.32	1933.98	612.61	2604.19
2006	648.50	2277.35	725.90	3045.26
2007	797.35	2703.98	919.11	3523.16
2008	1018.62	3166.82	1203.92	4183.21
2009	1081.27	3387.56	1353.31	4277.05
2010	1350.43	4120.75	1689.65	5437.47
2011	1670.44	5020.37	2102.21	6610.05
2012	1893.54	5650.20	2341.29	7505.31
2013	2122.06	6330.69	2577.57	8443.84
2014	2303.32	6836.82	2752.10	9273.46
2015	2417.05	6790.32	2911.77	9324.80
2016	2572.49	7200.37	3168.59	9649.70
2017	2624.83	7459.90	3443.56	10881.96
2018	2865.23	8246.07	3705.18	12199.08

资料来源：国家统计局。

二 新丝路建设对西北四省经济发展的影响

早在114年至127年，中国就已具有丝绸贸易方面的优势，并且通过丝绸之路与其他国家进行贸易，使丝绸等商品扬名海外，得到世界的认可。新丝路建设以古丝绸之路为基础，弘扬古丝绸之路精神，让世界再一次了解并利用这条古老的贸易之路。

"一带一路"一共有5条建设线路，这些线路将中亚、南亚、东南亚、西亚等区域连接起来；一头是活力四射的东亚经济圈，另一头是发达的欧洲经济圈。"一带一路"沿线各个国家资源禀赋各异，经济的互补性较强，具有较大的合作潜力与发展空间。"一带一路"建设主要是以政策沟通、设施联通、贸易畅通、资金融通、民心相通为重点，还涉及文化教育、农业等方面，其目的在于打造更高层次的区域合作。① 新丝路沿线地区中，新疆是新丝路的核心区域，宁夏是新丝路的战略支点，甘肃是新丝路的节点，青海是新丝路的战略通道。

在新丝路建设的提出与逐步实施过程中，交通基础设施建设是重点。俗话说"要想富先修路"，发达的交通设施奠定了一个国家或地区经济发展的良好基础。随着新丝路建设进一步推进，国家加大对西北地区交通设施建设投资。新疆位于我国边疆、交通不便，这在一定程度上阻碍了地区的发展。中吉、中哈、中塔公路的开通，打开了新疆向西开放的交通网。这些交通道路的建设与开发为西北四省打开了向内、向外发展的道路，为未来经济发展奠定了良好的基础。

新疆、宁夏、甘肃、青海在国家能源发展、能源进口中发挥了非常重要的作用，成为国家能源安全的重要保障，同时也为自身的经济发展开辟了更加稳定、更加成熟的道路。新疆作为我国面积最大的民族地区，本土已经开发和未开发的资源种类、数量都较多。随着新疆的能源保障体系的形成，新疆在现有能源的基础上构建了可以连通中国中部、东部地区的能源输送通道。除此之外，新疆的大型炼化基地、流域水能资源的开发、风力发电站、太阳能等诸多能源建设项目都在稳步推进中。这些能源建设为新疆开辟了以能源发展带动经济发展的新道路。除了新疆，宁夏作为国家规划建设的13个大型煤炭基地之一，也在积极开发煤炭产能。

金融建设是西北四省经济发展的动力，可以有效促进经济良性运行，更能推动贸易流通；金融是承接贸易畅通的纽带，金融一体化可以使新丝路沿线各个地区、各个国家在金融领域形成一个完整的体系，同时也为西北四省与中亚合作发展打下良好的基础。中亚五国的金融环境存在巨大差异，其中，哈萨克斯坦金融环境相对成熟，各类子市场基本形成，监管各类子市场的专门性法律法规也较为全面。但其他四国金融环境质量较差，土库曼斯坦尚未形成证券市场，其他三国融资条件不完备，金融法制体系未形成基础框架。我国通过搭建亚

---

① 胡鞍钢、马伟：《"一带一路"：战略内涵、定位和实现路径》，《新疆大学学报》2014年第4期。

投行、金砖国家开发银行等开放性的合作平台形成区域利益共同体，给国内的银行业带来更多、更大的新业务机会。例如：中国工商银行、中国农业银行、中国银行、中国建设银行、中国交通银行五家国有大型银行早已开始在"一带一路"沿线国家和地区设立分支机构，仅中国工商银行就在17个国家拥有70多家分支机构，其金融服务及其配套服务设施的范围都基本覆盖"一带一路"规划区域，至今已经为73个"一带一路"境外项目提供了109亿美元的资金支持。

新丝路建设不仅包括能源、交通基础设施、金融方面的建设，还有贸易、文化等方面的建设。在贸易方面，新丝路建设大力促进对外开放，新丝路已成为经贸产业合作跨国大区域、次区域经济合作中心。西北四省借助自身的区位优势与条件优势，抓住新丝路建设机遇，可积极发展与中亚多种形式的贸易，带动经济发展。新疆现已建成商品保税区、特色商品口岸，如霍尔果斯口岸、霍尔果斯免税店等。新疆还成了多运式集疏中心、西部的区域商贸中心、国际交通运输网络中心以及向西开放的国际物流中心。由于西北四省与丝绸之路沿线国家在文化上有着深厚的联系，与中亚国家在民俗、文化交流等方面都有较大的优势，可以发挥地区经济文化和民族人文优势，开拓与中亚的旅游合作。教育部为支持"一带一路"各国教育方面的交流，设立了专项课题等，在"一带一路"建设推进过程中注重培养高端的优秀人才，经审批的中外合作办学共有2539个。西北四省可以开拓与中亚国家的科技合作。

三 西北四省经济发展水平差异

西北四省之间经济发展水平存在明显的差异。2018年，就总体经济水平而言新疆生产总值最高，大约是青海的4倍、宁夏的3倍、甘肃的1.5倍；西北四省的GDP总值与经济较发达的省份，比如广东（97277.77亿元）、江苏（92592.40亿元）北京（30319.98亿元）、上海（32679.87亿元）相比都还相去甚远。

从图1-1可以看出，西北四省的三次产业发展各异，水平高低不同。与1999年的三次产业增加值总量相比，2018年甘肃增加了约10倍，青海增加了约10倍，宁夏增加了约15倍，新疆增加了约10

倍。由此可见，各地区近20年来三次产业增加值稳步上升。从产业结构来看，甘肃与其他地区相比较，第三产业发展较快，占比最高，第一、第二产业增加值比重下降，产业结构较合理；青海和宁夏三次产业增加值占总产值的比重变化不大，农业的比重略有下降，第二、第三产业的比重上升；新疆的第一产业增加值比重稳步下降。

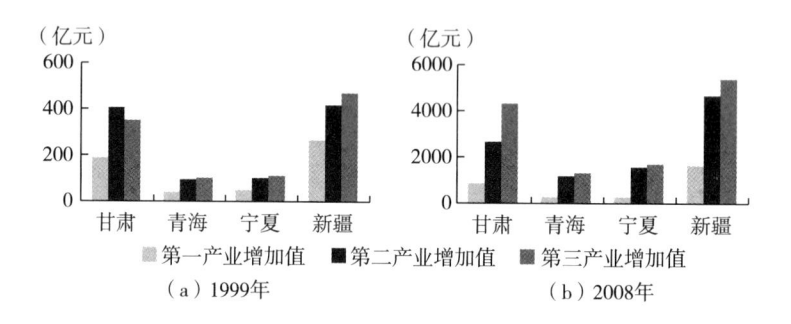

图1-1 1999年、2018年各地区三次产业增加值

第二节 西北四省经济梯度差异

自20世纪下半叶以来，克鲁默和海特等区域经济学家创造了区域发展梯度理论。该理论经历了从静态梯度理论、动态梯度理论、逆梯度理论到广义梯度理论，再到反梯度理论五个发展阶段的演变。反梯度理论的核心论点是，欠发达地区可以实现跨越式发展，缩小与发达国家或地区差距。经济梯度是区域空间极化研究的重要内容之一。根据佩鲁等的"增长极理论"和赫希曼的"极化—涓滴效应"，区域经济发展早期以增长极的极化效应吸引资金和人才的流入，经济实力和发展水平远远高于外围地区；经过一段时期后，形成扩散效应，带动和辐射外围地区的经济发展。梯度分区是对经济梯度分布格局进行空间分析比较好的方法。唐璐璐、张鑫（2012），秦贤宏、段学军（2018）构建经济综合指标体系，运用主成分分析方法测算出经济梯

度值，分析区域经济差异。代明、丁宁等（2010）运用马克思级差地租理论分析了流域经济梯度差异。丁宁、李佳鸿（2010）运用基尼系数等方法，借鉴、融合区位、级差地租等理论，研究区域经济差异时空变化的特征和趋势。安文娟、刘德芬等（2010）用因子分析法，对我国31个省、市、自治区2008年区域经济梯度指标进行了评价。

一 西北四省经济梯度差异测度

（一）评价指标体系的建立与计算方法

在梳理研究经济梯度差异的相关文献后，对研究经济梯度差异的方法进行比较分析，采用主成分分析与多指标加权求和相结合的方法，在区域经济发展水平综合指标体系的基础上，采用主成分分析方法对存在相关性的多个原始指标进行降维处理，计算出能反映绝大部分信息量的少数几个主成分，将表征贡献率的特征值归格化后作为权重值，最后对选取的主成分加权求和，得出各地州市的综合评价值。

借鉴梁蓉（2008）构建的指标体系，依据数据可获得性原则，删减了非农产业比重、城镇密度、每千人高中及以上文化程度人数、交通密度、每千人卫生工作人员人数五个指标，并增加了二三产业产值比重、城镇化率、人均工业产值三个指标。最终确定18个经济指标（见表1-2）。

表1-2　　　　　　　　四省经济梯度指标

变量	指标名称（单位）	变量	指标名称（单位）
X1	人均GDP（元）	X10	二三产业产值比重（%）
X2	在岗职工年平均收入（元）	X11	财政支出（万元）
X3	财政收入（万元）	X12	GDP（万元）
X4	人均财政收入（元）	X13	经济密度（万元/平方千米）
X5	社会固定资产投资（万元）	X14	规模以上工业生产总值（万元）
X6	人均社会固定资产投资（元）	X15	农村居民人均可支配收入（元）
X7	社会消费品零售总额（万元）	X16	城镇居民人均可支配收入（元）
X8	人均社会消费品零售总额（元）	X17	城镇化率（%）
X9	第三产业比重（%）	X18	人均工业产值（元）

(二) 经济梯度值的计算

以甘肃、青海、宁夏、新疆四省份41个地州市为研究单元,测度经济梯度,探讨经济梯度差异的原因,试图为西北地区经济协同发展,减少与中亚经贸往来中地区之间的竞争性,提高合作效率,提供一些可供参考的建议。

1. 数据来源和数据标准化

数据来自2017年的《甘肃统计年鉴》《青海统计年鉴》《宁夏统计年鉴》《新疆统计年鉴》。18个指标的数据存在量纲和数量级的差异,不具有可比性。因此,必须先消除指标数据量纲和量级的影响。使用SPSS软件进行主成分分析,同样也用SPSS软件对指标数据进行了标准化,使其具有可比性。

2. 主成分分析

用SPSS软件对18个指标原始数据标准化后,根据主成分法提取主成分。根据特征值大于1的原则共提取了4个主成分,4个主成分的方差贡献率分别为47.696%、20.813%、9.976%和6.057%(见表1-3)。前3个主成分的累积方差贡献率为78.484%,没有满足标准要求,前4个主成分的累积方差贡献率达到了84.541%,满足大于80%累积方差贡献率的标准,即4个主成分能代表84.541%的信息量。所以4个主成分可以表达众多因子大部分的信息。用4个主成分作为经济梯度差异的综合变量(见表1-4)。

表1-3　　　　　　　　　　总方差分解

序号	特征值	方差贡献率(%)	累积方差贡献率(%)
1	8.585	47.696	47.696
2	3.746	20.813	68.508
3	1.796	9.976	78.484
4	1.090	6.057	84.541

表 1-4　　　　　　　　　　　因子载荷矩阵

	主成分 F1	主成分 F2	主成分 F3	主成分 F4
人均 GDP	**0.767**	0.514	-0.020	-0.155
在岗职工年平均收入	0.453	0.425	**0.584**	0.249
财政收入	**0.723**	-0.238	0.522	0.105
人均财政收入（元）	0.220	0.573	**0.697**	0.242
社会固定资产投资	**0.705**	-0.534	0.054	-0.297
人均社会固定资产投资	**0.619**	0.502	-0.001	-0.284
社会消费品零售总额	**0.769**	-0.559	0.052	0.106
人均社会消费品零售总额	**0.944**	0.028	-0.160	0.105
第三产业比重	0.113	-0.565	-0.359	**0.574**
二三产业产值比重	**0.741**	0.190	-0.218	0.395
财政支出	0.407	**-0.781**	0.160	-0.220
GDP	**0.836**	-0.487	0.108	-0.113
经济密度	**0.857**	-0.300	0.01	0.096
规模以上工业生产总值	**0.934**	-0.243	0.017	-0.035
农村居民人均可支配收入	**0.585**	0.315	-0.217	-0.403
城镇居民人均可支配收入	**0.707**	0.504	0.040	-0.037
城镇化率	**0.838**	0.288	-0.389	0.053
人均工业产值	**0.530**	0.528	-0.501	0.142

注：黑体表示该指标在相应因子上有较大载荷。

主成分 F1 在人均 GDP、财政收入、社会固定资产投资、人均社会固定资产投资、社会消费品零售总额、人均社会消费品零售总额、二三产业产值比重、GDP、经济密度、规模以上工业生产总值、农村居民人均可支配收入、城镇居民人均可支配收入、城镇化率和人均工业产值 14 个指标上的载荷量都大于 0.5，因此，主成分 F1 在 4 个主成分中方差贡献率最大，达到了 47.696%，也是唯一占累积方差贡献率近一半的主成分。主成分 F2 与财政支出有较强的相关性，因子载荷系数绝对值超过了 0.7，主成分 F2 代表的是地区经济发展过程中的政府支撑，其方差贡献率为 20.813%，占 4 个主成分累积方差贡献率的 25%。主成分 F3 在岗职工年平均收入、人均财政收入两个指标的载荷量都超过了 0.58，具有较强的相关性，F3 的方差贡献率为 9.976%。F4 与第三产业比重具有较强的相关性，因子载荷量超过了 0.57，方差贡献率为 6.057%。

3. 各主成分计算及分析

用 SPSS 软件确定 4 个主成分后，根据因子载荷系数计算各地区的正向化后各主成分得分（见表 1-5）。

表 1-5　　　　　　　　正向化后各主成分得分

地区	主成分 F1	主成分 F2	主成分 F3	主成分 F4
兰州市	11.9392	0.0023	3.8896	4.8405
嘉峪关市	6.9294	7.8841	0.4589	5.6387
金昌市	4.8928	6.3498	1.3560	4.3542
白银市	3.1409	3.3342	2.9574	4.4074
天水市	2.6663	1.8365	3.3169	4.4266
武威市	2.7843	3.2868	3.5179	3.3295
张掖市	2.6033	3.5380	3.1380	3.8315
平凉市	2.1588	2.7056	3.5962	3.9555
酒泉市	5.4955	4.8930	2.4754	2.6372
庆阳市	3.7167	2.9858	4.0383	3.5166
定西市	1.5338	2.2289	3.4771	4.4516
陇南市	1.4875	2.0558	3.2935	4.5831
临夏州	1.1708	1.9403	2.9130	5.4644
甘南州	1.4043	3.1749	3.5149	5.4953
西宁市	8.9359	2.1255	5.4651	4.7461
海东市	3.5892	3.7314	5.7725	4.2777
海北州	2.7114	6.0088	5.9101	4.8475
黄南州	1.7805	5.4537	6.0902	5.0047
海南州	2.3867	5.5422	5.7317	3.8105
果洛州	1.8889	5.5869	6.4911	6.1348
玉树州	0.8895	5.2176	6.8777	3.6159
海西州	6.8919	8.0888	6.1174	3.9459
银川市	10.0352	2.9059	4.1998	3.8706
石嘴山市	5.1160	5.3848	2.2120	3.7283

续表

地区	主成分 F1	主成分 F2	主成分 F3	主成分 F4
吴忠市	3.5004	4.1860	3.5473	3.3468
固原市	1.9997	3.2876	4.0288	4.9311
中卫市	2.4749	3.9830	3.4213	4.3107
乌鲁木齐市	12.3359	0.9520	5.1953	5.2799
克拉玛依市	8.7750	9.2832	3.8801	4.1384
吐鲁番市	2.7805	5.3415	4.3601	3.5415
哈密市	5.1087	6.1760	3.5001	2.9678
昌吉州	7.5028	3.7705	4.6866	1.2836
伊犁州直属县（市）	3.2974	2.8163	3.7156	3.3120
塔城地区	2.7316	4.2170	3.5075	1.6726
阿勒泰地区	2.1822	3.9117	2.9823	3.5733
博尔塔拉州	2.5485	4.6077	3.4142	4.2224
巴音郭楞州	4.3270	4.4680	4.4688	2.7474
阿克苏地区	2.7120	2.6934	4.7348	3.2378
克孜勒苏州	1.5206	3.9261	3.3955	4.5890
喀什地区	2.8189	1.5638	4.8297	1.8290
和田地区	1.2346	2.5544	3.5210	4.1025

计算公式如下：

$F1 = 0.767X1 + 0.453X2 + 0.723X3 + 0.220X4 + \cdots + 0.707X16 + 0.838X17 + 0.530X18$

$F2 = 0.514X1 + 0.425X2 - 0.238X3 + 0.573X4 + \cdots + 0.504X16 + 0.288X17 + 0.528X18$

$F3 = -0.020X1 + 0.584X2 + 0.522X3 + 0.697X4 + \cdots + 0.040X16 - 0.389X17 - 0.501X18$

$F4 = -0.155X1 + 0.249X2 + 0.105X3 + 0.242X4 + \cdots - 0.037X16 + 0.053X17 + 0.142X18$

（1）主成分F1：经济综合发展水平。该主成分得分最高的5个地区是乌鲁木齐市、兰州市、银川市、西宁市、克拉玛依市，得分分别为12.3359、11.9392、10.0352、8.9359、8.7750。得分均大于8。得分最低的5个地区是陇南市、甘南州、和田地区、临夏州、玉树州，得分分别为 1.4875、1.4043、1.2346、1.1708、0.8895，分值均小于 1.5。得分大于平均值 4 的有 13 个地区，占全部地区的 32%，其中新疆占了 5 个，甘肃占了 4 个，宁夏占了 2 个，青海占了 2 个。得分小于平均值 4 的有 28 个地区，其中新疆占了 9 个，甘肃占了 10 个，宁夏占了 3 个，青海占了 6 个地区。

（2）主成分 F2：政府支出力度。该主成分得分最高的 5 个地区是克拉玛依市、海西州、嘉峪关市、金昌市、哈密市，得分分别为 9.2832、8.0888、7.8841、6.3498、6.1760，得分均大于 6。得分最低的 5 个地区是临夏州、天水市、喀什地区、乌鲁木齐市、兰州市，得分分别为 1.9403、1.8365、1.5638、0.9520、0.0023，分值均小于 2。得分大于平均值 4 的有 17 个地区，占全部地区的 41%，其中新疆占了 6 个，甘肃占了 3 个，宁夏占了 2 个，青海占了 6 个。得分小于平均值 4 的有 24 个地区，其中新疆占了 8 个，甘肃占了 11 个，宁夏占了 3 个，青海占了 2 个地区。

（3）主成分 F3：地区收入水平。该主成分得分最高的 5 个地区是玉树州、果洛州、海西州、黄南州、海北州，得分分别为 6.8777、6.4911、6.1174、6.0902、5.9101，得分均大于 5。得分最低的 5 个地区是临夏州、酒泉市、石嘴山市、金昌市、嘉峪关市，得分分别为 2.9130、2.4754、2.2120、1.3560、0.4589，分值均小于 3。得分大于平均值 4 的有 17 个地区，占全部地区的 41%，其中新疆占了 6 个，甘肃占了 1 个，宁夏占了 2 个，青海占了 8 个。得分小于平均值 4 的有 24 个地区，其中新疆占了 8 个，甘肃占了 13 个，宁夏占了 3 个。

（4）主成分 F4：第三产业占比。该主成分得分最高的 5 个地区是果洛州、嘉峪关市、甘南州、临夏州、乌鲁木齐市，得分分别为 6.1348、5.6387、5.4953、5.4644、5.2799，得分均大于 5。得分最低的 5 个地区是巴音郭楞州、酒泉市、喀什地区、塔城地区、昌吉州，得分分别为 2.7474、2.6372、1.8290、1.6726、1.2836，分值均小于 3。得分大于平均值 4 的有 21 个地区，占全部地区的 51%，其中新疆占了 5 个，甘肃占了 9 个，宁夏占了 2 个，青海占了 5 个。

得分小于平均值4的有20个地区,其中新疆占了9个,甘肃占了5个,宁夏占了3个,青海占了3个地区。

4. 各地州市经济梯度值

从总方差分解(见表1-3)可知,第4个主成分的贡献率已经降至6.057%,前4个主成分的累积方差贡献率已经达到了84.541%,能够表达其所有因子84.541%的信息量。对4个主成分的方差贡献率做归一化处理后可得到其权重,分别为0.564、0.246、0.118和0.072。将41个地区4个主成分得分加权求和后就可得到41个地区经济发展的综合评价值(见表1-6)。

表1-6　　　　　各地州市经济梯度值及排序

地区	梯度值	位次	地区	梯度值	位次
乌鲁木齐市	8.185	1	博尔塔拉州	3.278	22
克拉玛依市	7.989	2	白银市	3.258	23
兰州市	7.542	3	伊犁州直属县(市)	3.229	24
银川市	7.149	4	塔城地区	3.112	25
海西州	6.883	5	中卫市	3.090	26
西宁市	6.549	6	武威市	3.034	27
嘉峪关市	6.308	7	张掖市	2.985	28
昌吉州	5.805	8	阿克苏地区	2.984	29
哈密市	5.027	9	玉树州	2.857	30
金昌市	4.795	10	阿勒泰地区	2.802	31
酒泉市	4.785	11	固原市	2.767	32
石嘴山市	4.740	12	喀什地区	2.676	33
巴音郭楞州	4.265	13	天水市	2.666	34
海北州	4.054	14	平凉市	2.592	35
海东市	3.931	15	克孜勒苏州	2.555	36
吴忠市	3.664	16	甘南州	2.383	37
海南州	3.660	17	定西市	2.144	38
吐鲁番市	3.652	18	陇南市	2.063	39
果洛州	3.647	19	和田地区	2.036	40
庆阳市	3.560	20	临夏州	1.875	41
黄南州	3.425	21	—	—	—

从表1-5可以明显看出，41个地区的经济实力相差悬殊。经济实力最强的前7位分别为乌鲁木齐市、克拉玛依市、兰州市、银川市、海西州、西宁市、嘉峪关市，梯度值分别为8.185、7.989、7.542、7.149、6.883、6.549和6.308，其余地区的梯度值都小于6。梯度值大于平均值4的有14个地区，仅占所有地区的34%。梯度值小于平均值的地区有27个，占所有地区的66%，这些地区经济发展水平处于平均水平之下。尤其是陇南市、和田地区、临夏州等14个地区经济梯度值最低，梯度值在3以下，占所有地区的34%（见图1-2）。

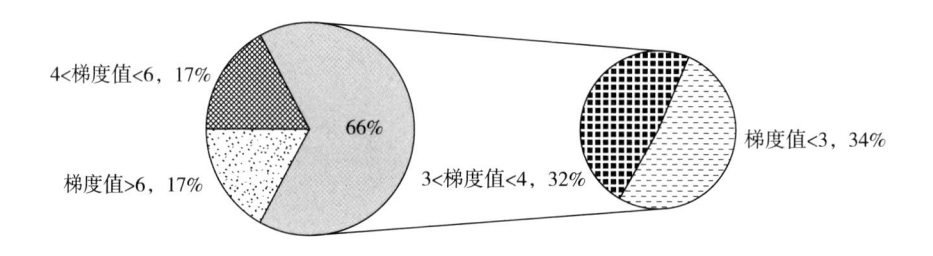

图1-2 经济梯度值空间差异分布

甘肃、青海、宁夏、新疆4个省区经济发展实力差异也比较明显。经济梯度值大于平均值4即处在平均发展水平以上的14个地区中，甘肃占了4个，占本省的29%；青海占了3个，占本省的38%；宁夏占了2个，占本省的40%；新疆占了5个地区，占本省的36%。经济梯度值小于平均值4即处于平均水平以下的27个地区中，甘肃占了本省的71%，青海占了本省的62%，宁夏占了本省的60%，新疆占了本省的64%。经济发展水平最高的5个地区中，有2个处于新疆；经济发展水平最低的5个地区中，有4个位于甘肃。

二 经济梯度分区

（一）聚类分析及经济梯度分区

将西北四省41个地区的综合发展值作为聚类变量进行K-平均值聚类，用来划分41个地区的经济梯度分区。根据K-平均值聚类，将41个地区分为3个梯度区即高梯度区、中等梯度区和低梯度区（见

表1-7和图1-3）。分省区经济梯度值空间差异分布情况见图1-4。

表1-7　　　　　　　　　K-平均值聚类　　　　　　　单位：个、%

		地区数	占比
聚集	高梯度区	9	22.0
	中等梯度区	16	39.0
	低梯度区	16	39.0
	合计	41	100.0

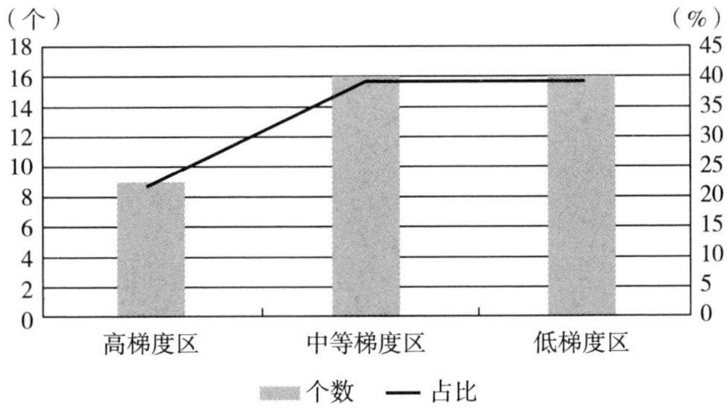

图1-3　西北四省经济梯度区聚类结果

高梯度区包括乌鲁木齐市、克拉玛依市、兰州市、银川市、海西州、西宁市、嘉峪关市、昌吉州、哈密市9个地区，省会城市都包括在内，9个地区的梯度值都在5以上，远远高于其他地区。中等梯度区包括金昌市、酒泉市、石嘴山市、巴音郭楞州、海北州、海东市、吴忠市、海南州、吐鲁番市、果洛州、庆阳市、黄南州、博尔塔拉州、白银市、伊犁州直属县（市）和塔城地区16个地区，其梯度值为3—5。低梯度包括中卫市、武威市、张掖市、阿克苏地区、玉树州、阿勒泰地区、固原市、喀什地区、天水市、平凉市、克孜勒苏州、甘南州、定西市、陇南市、和田地区和临夏州16个地区，梯度值为1—3.1，低梯度区所有地区的经济梯度值都在4以下，处于41个地区经济发展平均水平之下。

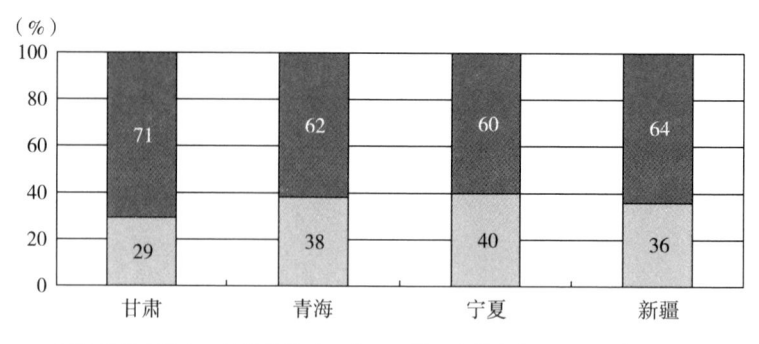

图 1-4　分省区经济梯度值空间差异分布

（二）三个梯度区主成分得分

1. 高梯度区

（1）主成分 F1：经济综合发展水平。高梯度区中兰州、西宁、银川、乌鲁木齐四个省会城市的得分分别为 11.9392、8.9359、10.0352 和 12.3359，经济发展总体水平最好。根据主成分 F1 所代表的指标信息，可知高梯度区整体经济总量比较大、政府和私人投资力度大、商品经济活跃和市场经济发育程度高、第二和第三产业比重大、工业化程度高、城市化率高、居民生活水平高及居民消费需求大。

（2）主成分 F2：政府支出力度。高梯度区中嘉峪关市、海西州、克拉玛依市的得分分别为 7.8841、8.0888 和 9.2832，得分最高。兰州、西宁、银川、乌鲁木齐四个省会城市的得分分别为 0.0023、2.1255、2.9059 和 0.9520，都小于平均值 4，得分较低。根据 F2 所代表的指标，四个省会城市的政府支撑力度较小，而得分高的 3 个地区政府支撑力度大。

（3）主成分 F3：地区收入水平。对比发现高梯度区中的兰州市、嘉峪关市、克拉玛依市的得分值小于 4。

（4）主成分 F4：第三产业占比。高梯度区中银川市和海西州的服务业发展相对还比较低，得分小于 4。

2. 中等梯度区

（1）主成分 F1：经济综合发展水平。中等梯度地区在 F1 上的得分不是很高，经济综合发展水平整体低于高梯度区。尤其是黄南州、果洛州、海南州 3 个地区得分都小于 3，得分分别为 1.7805、1.8889 和 2.3867。依据 F1 所代表的指标信息，3 个地区得分低的原因是经济总量比较小、政府和私人投资力度小、商品经济不活跃和市场经济发育程度低、产业结构不合理及第一产业偏高、工业化程度低、城市化率低、居民生活水平低导致居民消费需求不足等。

（2）主成分 F2：政府支出力度。中等梯度区的 F2 得分相对较高，除了庆阳市和伊犁州直属县（市）小于 3，中等梯度区政府支撑力度相对比较大。

（3）主成分 F3：地区收入水平。中等梯度区中 14 个地区的得分都小于 6，得分整体偏低，其中果洛州、黄南州的得分分别为 6.4911 和 6.0902，说明中等梯度区整体居民和政府收入不高。

（4）主成分 F4：第三产业占比。中等梯度区的 F4 得分普遍偏低，说明中等梯度区整体服务业发展水平低。

3. 低梯度区

（1）主成分 F1：经济发展水平。低梯度区的主成分 F1 得分都小于平均值 4，其中玉树州、临夏州、和田地区等 8 个地区得分都在 2 以下，说明低梯度区经济发展十分落后。

（2）主成分 F2：政府支出力度。低梯度区整体的 F2 得分偏小，除玉树州得分大于 4 外，其他 15 个地区的得分都小于 4。根据 F2 所代表的指标，低梯度地区在经济发展过程中得到的政府财政支持小。

（3）主成分 F3：地区收入水平。低梯度区整体的 F3 得分比较低，只有固原市、阿克苏地区、喀什地区等 4 个地区大于平均值 4，其他 12 个地区都小于平均值 4。最大值是玉树州的 6.8777，最小值是阿勒泰地区的 2.9823。

（4）主成分 F4，第三产业占比。低梯度区的服务业发展整体偏低，基本低于平均值 4。

第三节 西北四省工业空间差异

一 问题的提出及文献综述

改革开放以来，西北四省经济持续增长的同时，也存在农业生产条件差、工业技术水平低、第三产业发展滞后，污染物排放量较大、环境污染严重，市场机制不完善等问题。如表1-8所示，2016年，西北四省中，土地面积最大的是新疆，占到全国总土地面积的17.29%；第二是青海，占到全国总土地面积的7.52%；第三是甘肃，占全国总土地面积的4.73%；宁夏为第四，占到全国总土地面积的0.69%。从人口规模来看，甘肃的人口占全国总人口的1.89%；其次是新疆，占到1.73%；最少的是宁夏和青海，分别占到0.49%和0.43%。综合起来看，人口密度较大的地区是宁夏，达到每平方千米102人；其次是甘肃，人口密度为57人/平方千米；青海为8人/平方千米；新疆为14人/平方千米，西北四省人口密度低于全国144人/平方千米的平均水平。

表1-8　　　　　2016年西北四省的主要经济指标

主要指标 地区	土地面积 数量（万平方千米）	土地面积 比重（%）	人口 数量（万人）	人口 比重（%）	GDP 数量（亿元）	GDP 比重（%）	人均GDP（元）	三次产业之比
甘肃	45.44	4.73	2610	1.89	7200.4	0.97	27587.74	13.6：34.8：51.6
宁夏	6.64	0.69	675	0.49	3168.6	0.43	46942.22	8.2：47.4：44.4
青海	72.23	7.52	593	0.43	2572.5	0.35	43381.11	8.6：48.6：42.8
新疆	166	17.29	2398	1.73	9649.7	1.30	40240.62	17.1：37.3：45.6
全国	960	—	138271	—	744127	—	53816.56	8.6：39.8：51.6

资料来源：根据《中国统计年鉴（2017）》数据整理而得。

西北四省中新疆的 GDP 较高，占到全国总 GDP 的 1.30%，甘肃、宁夏、青海的分别占 0.97%、0.43%、0.35%；人均 GDP 最高的是宁夏、青海和新疆，分别达到 4.69 万元、4.34 万元和 4.02 万元；甘肃只有 2.76 万元，人均 GDP 都低于全国平均水平 5.38 万元。从三次产业结构来分析，甘肃的第一产业比重为 13.6%，第三产业比重为 51.6%，是第三产业发展最高的地区；新疆第一产业比重达 17.1%，第一产业比重比较大。宁夏和青海的第二产业比重分别为 47.4% 和 48.6%，均高于全国水平的 39.8%；甘肃和新疆的第二产业比重为 34.8% 和 37.3%，均低于全国水平。要实现地区经济均衡发展，须加快第二产业即工业产业结构调整，优化工业产业结构，通过梯度转移和技术创新打破已有经济发展模式。下文以工业产业为例，探讨西北四省工业空间差异，把握工业结构优化方向。

如何测度区域产业空间差异呢？王云（2017）将区位商原理结合比较劳动生产率理论，测度 33 个相关行业产业梯度系数，对比分析三省一市相对优势行业的区位商和比较劳动生产率，其研究结果显示，长三角地区内产业发展不平衡，各省市优势产业存在明显的地域差异。谢雅珠、李光勤（2015）以海西五个经济区为研究对象，使用区位商、比较劳动生产率和产业梯度系数等指标，分析了五个经济区的产业差异，并根据测算结果选出了各区域相对优势的产业。王冠（2015）通过计算比较劳动生产率和区位商，测算了河南省 4 个经济区的产业梯度系数，分析了 4 个经济区的产业差别，分别找出 4 个经济区的优势产业。荣平、彭继增（2015）关于长三角地区产业梯度的实证研究结果表明，长三角地区存在向长江中上游地区转移的趋势。郭佳、扶涛、杨青（2015）基于 VAR 模型，以云南省为例，构建了产业结构转型升级评价指标体系，对产业结构转型升级影响因素进行评价，结果表明，社会需求、人口素质、技术进步以及劳动生产率是云南产业结构转型升级影响因素。李鹏、胡艺凡（2016）构建投入产出模型，运用 2000—2010 年投入产出数据，测度新丝路经济带核心国家之间的产业转移，研究结果表明，新丝路经济带承接世界产业转移呈现"V"字形结构。孔凡斌、李华（2017）利用单方程模型方法，计量分析长江经济带沿江地区产业转移相对指数与环境污染之间的关系。靖学青（2017）认为，长江经济带产业转移与区域经济差异为显著的负相关关系，产业转移对区域经济差异缩小产生了显著影响，对区域经济协调发展发挥了积极作用。

基于上文的结果，借鉴以上大部分学者采用的方法，测算青海、甘肃、新疆、宁夏四个省份的比较劳动生产率、区位商和产业梯度系数，比较分析西北四省工业空间差异。

二 工业空间差异测算

（一）样本选取与数据来源

以甘肃、宁夏、青海、新疆四个省份为研究对象，选取《中国统计年鉴》统计的38个工业行业，从比较劳动生产率、区位商、产业梯度系数等维度比较分析工业空间差异。数据来源于《中国统计年鉴2017》《甘肃统计年鉴2017》《宁夏统计年鉴2017》《青海统计年鉴2017》和《新疆统计年鉴2017》。

（二）研究方法

1. 区位商

区位商（LQ）反映的是某个区域特定产业的相对专业化程度，取决于该地区该产业的资源利用效率、专用设备和专业技术人员的数量等因素。如果某个产业区位商大于1，说明该产业的生产专业化水平比其所在区域的平均水平高，具备比较优势。区位商越大，表示该产业在其所在区域的比较优势越明显，专业化水平越高。

测算公式为：

$$LQ = \frac{\frac{\text{地区该产业总产值}}{\text{地区所有产业总产值}}}{\frac{\text{全国该产业总产值}}{\text{全国所有产业总产值}}}$$

2. 比较劳动生产率

比较劳动生产率（CPOR）反映的是某个区域特定产业的创新水平，取决于该地区该产业从业者的素质、技术创新水平和将技术转化为生产的能力等因素与整个区域平均水平的比较。若该指标大于1，则说明其劳动生产率高于整个区域的平均水平。若该指标小于1，则说明该产业的劳动生产率比整个区域的平均水平低。

测算公式为：

$$CPOR = \frac{\dfrac{\text{地区该产业总产值}}{\text{地区该产业从业人数}}}{\dfrac{\text{全国该产业总产值}}{\text{全国该产业从业人数}}}$$

3. 产业梯度系数

产业梯度系数（LGC）综合评价了某一地区特定产业的相对水平，梯度系数大于1说明该产业高于整个区域平均水平，在地区间的产业竞争中具有一定的比较优势。反之，处于低梯度地区，产业缺乏主导优势产业。因此，产业梯度系数更倾向于一个相对的概念。产业梯度系数（LGC）用比较劳动生产率和区位商的乘积来表示。

区域产业梯度系数测算方法为：

$$LGC = LQ \times CPOR$$

三　西北四省工业空间差异测度

（一）分行业区位商测算

1. 计算结果

计算结果见表1-9。

2. 结果分析

区位商值大于1，说明这些行业的供给能力大于本地区对该行业产品的需求水平，且行业的产品可以对外输出。区位商值大于1的行业中，宁夏独有的优势产业占四个，分别是煤炭开采和洗选业（2.42），纺织业（2.92），黑色金属冶炼和压延加工业（1.02），废弃资源综合利用业（1.27）；青海独有的优势产业占三个，分别是非金属矿采选业（1.64），酒、饮料和精制茶制造业（1.76），纺织服装、服饰业（1.03）；新疆独有的优势产业占两个，分别是黑色金属矿采选业（8.43），化学纤维制造业（1.71）；甘肃独有的优势产业占两个，分别是工艺品及其他制造业（3.11），烟草制品业（3.37）。两个省（区）都是优势产业的有非金属矿物制品业（青海1.36、新疆1.03），燃气生产和供应业（宁夏2.07，新疆1.42）；三个省（区）都是优势产业的有的石油和天然气开采业（甘肃4.65、青海

2.92、新疆4.08），有色金属矿采选业（甘肃1.82、青海3.16、新疆1.48），农副食品加工业（宁夏1.00、青海1.16、新疆1.92），食品制造业（宁夏2.96、青海1.48、新疆1.77），石油加工、炼焦和核燃料加工业（甘肃5.99、宁夏5.25、新疆4.96），化学原料和化学制品制造业（宁夏1.50、青海1.93、新疆1.12），电力、热力生产和供应业（甘肃1.08、宁夏1.11、青海1.15）；四个省（区）都是优势产业的是有色金属冶炼和压延加工业（甘肃7.95、宁夏2.01、青海6.60、新疆2.76）。其他行业区位商值都小于1。

表1-9　　　　2016年西北四省工业行业区位商测算结果

工业行业	甘肃	宁夏	青海	新疆	工业行业	甘肃	宁夏	青海	新疆
煤炭开采和洗选业	0.89	2.42	0.19	0.47	医药制造业	0.26	0.54	0.87	0.19
石油和天然气开采业	4.65	0.02	2.92	4.08	化学纤维制造业	0.00	0.00	0.00	1.71
黑色金属矿采选业	0.13	0.24	0.13	8.43	橡胶和塑料制品业	0.04	0.33	0.07	0.67
有色金属矿采选业	1.82	0.00	3.16	1.48	非金属矿物制品业	0.47	0.63	1.36	1.03
非金属矿采选业	0.00	0.19	1.64	0.41	黑色金属冶炼和压延加工业	0.78	1.02	0.93	0.64
农副食品加工业	0.28	1.00	1.16	1.92	有色金属冶炼和压延加工业	7.95	2.01	6.60	2.76
食品制造业	0.05	2.96	1.48	1.77	金属制品业	0.54	0.40	0.25	0.33
酒、饮料和精制茶制造业	0.25	0.87	1.76	0.97	通用设备制造业	0.21	0.32	0.15	0.04
烟草制品业	3.37	0.50	0.00	0.51	专用设备制造业	0.69	0.37	0.12	0.12
纺织业	0.02	2.92	0.49	1.15	铁路、船舶、航空航天和其他运输设备制造业	0.08	0.01	0.05	0.00
纺织服装、服饰业	0.01	0.08	1.03	0.36	电气机械和器材制造业	0.15	0.35	0.67	0.94
皮革、毛皮、羽毛及其制品和制鞋业	0.05	0.46	0.00	0.12	计算机、通信和其他电子设备制造业	0.02	0.00	0.02	0.00

续表

工业行业	甘肃	宁夏	青海	新疆	工业行业	甘肃	宁夏	青海	新疆
木材加工和木、竹、藤、棕、草制品业	0.00	0.37	0.00	0.28	仪器仪表制造业	0.00	0.74	0.14	0.01
家具制造业	0.00	0.36	0.17	0.09	工艺品及其他制造业	3.11	0.06	0.08	0.00
造纸和纸制品业	0.01	0.31	0.01	0.39	废弃资源综合利用业	0.12	1.26	0.00	0.25
印刷和记录媒介复制业	0.17	0.62	0.46	0.10	电力、热力生产和供应业	1.08	1.11	1.15	0.84
文教、工美、体育和娱乐用品制造业	0.00	0.04	0.00	0.15	燃气生产和供应业	0.88	2.07	0.13	1.42
石油加工、炼焦和核燃料加工业	5.99	5.25	0.26	4.96	水的生产和供应业	0.18	0.18	0.07	0.17
化学原料和化学制品制造业	0.32	1.50	1.93	1.12	—	—	—	—	—

通过以上分析可知，西北四省工业优势产业趋同，差异不明显，集中于资源密集型行业。同时，绝大多数部分工业行业的区位商值小于1，是进口导向型的行业。

（二）分行业比较劳动生产率测算

1. 计算结果

计算结果见表1-10。

表1-10　2016年西北四省工业行业比较劳动生产率测算结果

工业行业	甘肃	宁夏	青海	新疆	工业行业	甘肃	宁夏	青海	新疆
煤炭开采和洗选业	0.25	0.70	0.34	0.35	医药制造业	0.58	0.82	1.15	0.48
石油和天然气开采业	0.67	0.25	0.25	0.37	化学纤维制造业	—	—	—	0.86
黑色金属矿采选业	0.60	0.80	0.28	4.50	橡胶和塑料制品业	0.48	0.87	1.08	1.40
有色金属矿采选业	0.68	—	1.49	0.65	非金属矿物制品业	0.98	1.02	1.81	0.98

续表

工业行业	甘肃	宁夏	青海	新疆	工业行业	甘肃	宁夏	青海	新疆
非金属矿采选业	—	1.19	0.85	0.68	黑色金属冶炼和压延加工业	0.40	0.66	0.45	0.55
农副食品加工业	2.04	1.78	2.08	1.63	有色金属冶炼和压延加工业	0.96	0.55	1.15	1.08
食品制造业	0.61	1.89	1.95	1.20	金属制品业	3.45	1.34	0.60	1.27
酒、饮料和精制茶制造业	0.78	1.26	1.38	1.11	通用设备制造业	0.68	0.91	0.31	0.82
烟草制品业	0.99	0.93	—	1.23	专用设备制造业	0.70	0.89	2.92	0.87
纺织业	0.28	3.13	3.43	0.87	铁路、船舶、航空航天和其他运输设备制造业	0.26	0.49	2.71	0.37
纺织服装、服饰业	0.88	0.89	2.26	1.06	电气机械和器材制造业	0.61	1.48	2.45	2.91
皮革、毛皮、羽毛及其制品和制鞋业	0.56	5.55	—	7.44	计算机、通信和其他电子设备制造业	0.38	—	3.01	0.12
木材加工和木、竹、藤、棕、草制品业	—	5.85	—	2.29	仪器仪表制造业	—	1.76	0.97	0.47
家具制造业	—	2.73	5.74	1.25	工艺品及其他制造业	1.28	2.13	0.46	—
造纸和纸制品业	0.62	0.44	0.32	1.11	废弃资源综合利用业	0.29	1.89	—	0.58
印刷和记录媒介复制业	0.18	0.94	1.24	0.47	电力、热力生产和供应业	0.18	0.45	0.49	0.28
文教、工美、体育和娱乐用品制造业	—	0.96	—	3.18	燃气生产和供应业	0.32	1.21	0.34	0.40
石油加工、炼焦和核燃料加工业	0.72	0.83	0.37	0.88	水的生产和供应业	0.08	0.16	0.09	0.16
化学原料和化学制品制造业	0.41	0.74	0.69	0.65		—	—	—	—

2. 结果分析

基于表 1-10 测算结果，比较劳动生产率值大于 1 的行业中，青海独有的占六个：印刷和记录媒介复制业（1.24），有色金属矿采选业（1.49），医药制造业（1.15），专用设备制造业（2.92），铁路、船舶、航空航天和其他运输设备制造业（2.71），计算机、通信和其他电子设备制造业（3.01）；新疆独有的占四个：黑色金属矿采选业（4.50），烟草制品业（1.23），造纸和纸制品业（1.11），文教、工美、体育和娱乐用品制造业（3.18）；宁夏独有的占四个：非金属矿采选业（1.19），废弃资源综合利用业（1.89），燃气生产和供应业（1.21），仪器仪表制造业（1.76）。两个省（区）都大于 1 的有纺织业（青海 3.43 > 宁夏 3.13），纺织服装、服饰业（青海 2.26 > 新疆 1.06），皮革、毛皮、羽毛及其制品和制鞋业（新疆 7.44 > 宁夏 5.55），木材加工和木、竹、藤、棕、草制品业（宁夏 5.85 > 新疆 2.29），橡胶和塑料制品业（新疆 1.40 > 青海 1.08），非金属矿物制品业（青海 1.81 > 宁夏 1.02），有色金属冶炼和压延加工业（青海 1.15 > 新疆 1.08），工艺品及其他制造业（宁夏 2.13 > 甘肃 1.28）。三个省（区）都大于 1 的有食品制造业（青海 1.95 > 宁夏 1.89 > 新疆 1.20），酒、饮料和精制茶制造业（青海 1.38 > 宁夏 1.26 > 新疆 1.11），金属制品业（甘肃 3.45 > 宁夏 1.34 > 新疆 1.27），电气机械和器材制造业（新疆 2.91 > 青海 2.45 > 宁夏 1.48），家具制造业（青海 5.74 > 宁夏 2.73 > 新疆 1.25）。四个省（区）都大于 1 的有农副食品加工业（青海 2.08 > 甘肃 2.04 > 宁夏 1.78 > 新疆 1.63）。其他行业的比较劳动生产率值在西北四省中都小于 1。

综上可知，西北四省比较劳动生产率大于 1，且高于全国水平的行业主要是原材料开采和加工及轻工业，区域间优势产业分布差异小，工业多处于初级阶段，且集中于劳动密集型行业。一个地区应该首先选择并发展壮大在生产过程中能大量使用其相对丰裕和便宜的要素的产业，即劳动力密集的地区可以优先选择发展劳动密集型产业，资源相对密集的地区则可以选择优先发展资源密集型产业。

(三) 分行业产业梯度系数测算

1. 计算结果

西北四省工业行业梯度系数测算结果如表 1-11 所示。

表 1-11　2016 年西北四省工业行业产业梯度系数测算结果

工业行业	甘肃	宁夏	青海	新疆	工业行业	甘肃	宁夏	青海	新疆
煤炭开采和洗选业	0.22	1.69	0.06	0.16	医药制造业	0.15	0.44	1.01	0.09
石油和天然气开采业	3.10	0.00	0.72	1.52	化学纤维制造业	—	—	0.00	1.46
黑色金属矿采选业	0.08	0.19	0.04	37.96	橡胶和塑料制品业	0.02	0.29	0.08	0.94
有色金属矿采选业	1.23	—	4.71	0.97	非金属矿物制品业	0.46	0.64	2.46	1.01
非金属矿采选业	—	0.23	1.40	0.28	黑色金属冶炼和压延加工业	0.31	0.67	0.42	0.35
农副食品加工业	0.57	1.79	2.43	3.14	有色金属冶炼和压延加工业	7.65	1.10	7.61	2.99
食品制造业	0.03	5.60	2.89	2.13	金属制品业	1.87	0.54	0.15	0.42
酒、饮料和精制茶制造业	0.20	1.11	2.43	1.07	通用设备制造业	0.14	0.29	0.05	0.03
烟草制品业	3.33	0.47	0.00	0.63	专用设备制造业	0.49	0.33	0.36	0.10
纺织业	0.01	9.12	1.66	1.01	铁路、船舶、航空航天和其他运输设备制造业	0.02	0.00	0.15	0.00
纺织服装、服饰业	0.01	0.07	2.33	0.38	电气机械和器材制造业	0.09	0.52	1.65	2.74
皮革、毛皮、羽毛及其制品和制鞋业	0.03	2.54	0.00	0.92	计算机、通信和其他电子设备制造业	0.01	—	0.07	0.00
木材加工和木、竹、藤、棕、草制品业	—	2.18	0.00	0.64	仪器仪表制造业	—	1.30	0.13	0.00
家具制造业	—	0.99	0.98	0.11	工艺品及其他制造业	3.98	0.13	0.04	0.00

续表

工业行业	甘肃	宁夏	青海	新疆	工业行业	甘肃	宁夏	青海	新疆
造纸和纸制品业	0.00	0.14	0.00	0.44	废弃资源综合利用业	0.03	2.39	0.00	0.15
印刷和记录媒介复制业	0.03	0.58	0.57	0.05	电力、热力生产和供应业	0.19	0.50	0.57	0.23
文教、工美、体育和娱乐用品制造业	—	0.04	0.00	0.48	燃气生产和供应业	0.28	2.50	0.04	0.57
石油加工、炼焦和核燃料加工业	4.32	4.34	0.10	4.36	水的生产和供应业	0.01	0.03	0.01	0.03
化学原料和化学制品制造业	0.13	1.11	1.33	0.73	—	—	—	—	—

2. 结果分析

产业梯度指的是在生产要素禀赋、经济发展战略、产业结构不同的基础上，区域间在产业发展与产业结构水平上形成的一定的近乎阶梯状的地理差距。区域产业梯度系数综合评价了某个地区特定产业的相对水平，产业梯度系数大于1，说明该产业高于整个区域平均水平，在地区间的产业竞争中具有一定的比较优势。

根据表1-11可知，工业产业梯度系数大于1的行业中，宁夏独有的占6个：煤炭开采和洗选业（1.69），皮革、毛皮、羽毛及其制品和制鞋业（2.54），仪器仪表制造业（1.30），废弃资源综合利用业（2.39），燃气生产和供应业（2.50），木材加工和木、竹、藤、棕、草制品业（2.18）；甘肃独有的占3个：烟草制品业（3.33），工艺品及其他制造业（3.98），金属制品业（1.87）；新疆独有的占2个：黑色金属矿采选业（37.96），化学纤维制造业（1.46）；青海独有的占2个：非金属矿采选业（1.40），纺织服装、服饰业（2.33）。两个省（区）都大于1的有石油和天然气开采业（甘肃3.10、新疆1.52），有色金属矿采选业（甘肃1.23、青海4.71），化学原料和化学制品制造业（宁夏1.11、青海1.33），电气机械和器材制造业（青海1.65、新疆2.74），非金属矿物制品业（青海2.46、新疆1.01）。

三个省（区）都大于1的有农副食品加工业（宁夏1.79、青海2.43、新疆3.14），食品制造业（宁夏5.60、青海2.89、新疆2.13），酒、饮料和精制茶制造业（宁夏1.11、青海2.43、新疆1.07），纺织业（宁夏9.12、青海1.66、新疆1.01），石油加工、炼焦和核燃料加工业（甘肃4.32、宁夏4.34、新疆4.36）。四个省（区）都大于1的有有色金属冶炼和压延加工业（甘肃7.65、宁夏1.10、青海7.61、新疆2.99）。其他行业的产业梯度系数在西北四省中都小于1。

一个区域的产业梯度水平的高低取决于该区域产业结构的优劣程度，而产业结构的优劣程度主要取决于区域经济主导产业部门在产品生命周期中所处的阶段。若一个区域的优势主导产业部门都处在初创或成长的生命周期阶段，则该区域就为高梯度区域，若该区域的主导产业部门处在成熟或衰老的生命周期阶段，则该区域就属于低梯度区域。通过产业梯度系数值可知，西北四省的优势工业主要集中于资源密集型行业。

四 结论与讨论

通过计算西北四省工业分行业区位商、劳动比较生产率及产业梯度系数可知，西北四省工业结构趋同，差异性小，集中于劳动密集型和资源密集型产业。随着新丝路建设，面临对外开放的机遇，西北四省也面临诸多挑战：如何避免工业产业结构趋同带来的区域间竞争加剧；特别是与中亚合作时，如何通过科技创新提高资源利用率；如何通过职业培训、加大教育投入，提高劳动者生产率；如何走生态保护与资源开发协调发展之路。

首先，应将各自的工业产业结构调整规划融入西北地区的整体经济格局中，明确各地区工业产业发展方向和发展重点，在发挥自然优势的前提下，缩小地区之间工业经济发展的不平衡和地区之间的差异。其次，加强工业产业结构政策、产业技术政策、产业发展规划和产业管理部门等在内的各类产业政策的对接，发挥各地区优势工业产业，加强经济的互补性，推动自然资源合理有效配置，从而增强整体竞争力。再次，尽量要避免共有优势行业的内部竞争，增强各行业的协调发展，处理好西北四省行业竞争和合作关系，尽量发挥各自的优势。最后，通过提升工业产业科技创新能力、科学管理水平和信息化管理，注重从发达地区引进人才与当地人才的培养，大力推动信息化网络技术与企业管理的融合，提升劳动生产率和各产业内的技术效率。

总的来说，新丝路建设背景下，西北四省应明确工业产业发展趋势及区域内工业产业发展差异和原因，积极构建现代化的工业产业体系，因地制宜地提供政策支撑，提升人才集聚水平，以更高的专业化程度和劳动生产率优势，实现各地区工业产业梯度优化升级，形成合力，凝聚整体竞争力，探寻与中亚合作可行性，加快与中亚合作，发挥地区优势，最终推进西北地区经济协同发展。

第二章 新丝路建设背景下西北四省协同发展

新丝路建设的提出，给西北地区经济发展带来了新的机遇，从历史、文化、地理等方面来看，新疆、宁夏、青海和甘肃与中亚经济合作都有着得天独厚的优势。坚持对外开放的政策对西北地区来说存在机遇也意味着挑战。如何将区域间的竞争关系转换为协同发展关系呢？在此背景下，本章重点分析了西北四省经济和工业空间差异，结果表明，经济空间差异较大，且工业产业结构趋同。随着市场化和对外开放程度的提高，资源和要素流动加快，应避免扩大地区经济差异，增加产业间竞争，造成无谓损失。西北四省在经济发展速度放缓和经济结构不断优化升级的新常态经济发展背景下，依旧拥有极大的发展潜力。新丝路建设背景下，西北四省需进一步提高经济发展水平和质量、优化产业结构，抓住机遇迎接挑战，协同发展。

第一节 西北四省经济协同水平测度

一 问题的提出及文献综述

2015年3月27日在海南博鳌亚洲论坛上，中国国家发展改革委、外交部和商务部联合发布了《推动共建丝绸之路经济带和21世纪海上丝绸之路的愿景与行动》，指出"一带一路"是国家区域经济交流与合作的新倡议，主要目标是促进要素和资源的有序流动和高效配置，开展更有高度、深度、广度的新型区域合作，打造开放创新、包容互惠的新型合作方式。西北地区地域辽阔，自然资源丰富，具有极大的发展潜力，融入新丝路建设能够带动经济实现更高层次发展。

协同理论主要包括耗散结构理论、协同学和系统论。耗散结构理论是普利高津在1969年出版的《结构、耗散和生命》一书中提出来的，主要指一个远离平衡的开放系统，能够不断地与外界进行能量的交换，当交换突破一定的临界值时，就会从原来混乱非平衡的系统变为一个合理有序的平衡状态。协同学是哈肯在1970年提出的，主要观点是当外在的影响因素不断放大，大到一定的程度后，一个远离平衡态的开放系统会从无序状态发展到有序状态。[①] 1928年和1932年，贝塔朗菲最先提出了"机体系统论"。1945年，他在《关于一般系统论》一书中，阐述了系统论的一般思想，主要强调了关联性、整体性和动态平衡性，研究了系统的结构、规律和模式的基本理论。[②] 耗散结构论、协同学和系统论为协同发展提供了理论基础。

区域经济的发展经历了由均衡发展到协同发展的演变。区域经济协同发展，是指各区域及各区域内部之间协同，实现高度有序化的整合，实现区域间和区域内部的经济发展方式。协同发展的区域间资源和要素可以充分流动，进行新的优化组合，各区域之间及区域内部之间是平等开放的，同时各区域对外也是开放的，整体构成了一个高度协同发展的有机系统，这个系统不但有利于系统本身的协同发展，同时有利于与外部的互动与交流。[③]

区域协同水平测度。彭耿、刘芳（2014）选择了合理的区域经济序参量，构建武陵山片区经济有序度和复合协同度，从而对武陵山片区区域经济协同发展做出分析。崔治文、赵妍（2015）以九个省份为研究对象，选择八个序参量，构建了区域经济有序度和复合系统协同度模型，从而分析经济协同状况。郝玉柱、许玉云（2017）选取合理的开放型经济序参量，并构建区域开放型经济子系统和复合系统，从而通过复合系统协同度模型对京津冀开放型经济协同度进行了实证研

---

① 郭治安、沈小峰：《协同论》，山西经济出版社1991年版。
② 弗兰克·N. 马吉尔：《经济学百科全书》，吴易风译，中国人民大学出版社2009年版。
③ 黎鹏：《区域经济协同发展及其理论依据与实施途径》，《地理与地理信息科学》2005年第4期。

究。在研究区域经济协同发展时，构建区域有序度模型需要选取合适的区域经济系统序参量，从而能够合理地研究区域经济协同的有序度状况。高晓燕等（2016）在对县域经济和县域金融协同发展研究时，采用了经济发展规模、经济发展速度和经济发展质量、人均GDP、人均地方公共财政、人均固定资产投资完成额、人均GDP增长率、二三产业比重、城乡人口比和人均社会消费品零售总额作为经济系统序参量。

综上所述，在耗散结构论、协同学和系统论的理论指导下，通过选取一定的指标构建系统的有序度模型和复合协同模型，能够科学、客观地分析区域的经济协同状况。

二 经济协同水平测度模型

借鉴孟庆松和韩文秀提出的复合协同度模型，以及复合系统协同度模型实证研究的相关文献，选取能够代表经济协同度研究的序参量，从而测算经济协同的子系统有序度，并以此为基础构建经济复合系统协同度。[1]

（一）经济子系统有序度模型[2]

根据协同理论的役使原理，分两步测算有序度。

第一步，构建子系统有序度模型。设区域经济的子系统 L_j（$j \in [1, n]$）在发展过程中的序参量为 $l_{ji} = (l_{j1}, l_{j2}, \cdots, l_{jm})$，满足：$m > 1$，$\alpha_{ji} \leq l_{ji} \leq \beta_{ji}$，$i \in [1, m]$，$\alpha_{ji}$ 与 β_{ji} 是区域经济子系统稳定临界值的上下限。当原始指标为正指标时，$l_{j1}, l_{j2}, \cdots, l_{jm}$ 的取值越大，该子系统的有序程度就越高；反之，该子系统的有序程度就越低。当原始指标为逆指标时，$l_{j1}, l_{j2}, \cdots, l_{jm}$ 的取值越大，该子系统的有序程度就越低；反之，该子系统的有序程度就越高，区域经济子系统 L_j 序参量分量 l_{ji} 的系统有序度测度模型为：

---

[1] 孟庆松、韩文秀：《复合系统协调度模型研究》，《天津大学学报》（自然科学与工程技术版）2000年第4期。

[2] 崔治文、赵妍：《"新丝绸之路经济带"经济协同发展研究》，《改革与战略》2015年第12期。

$$\mu_j(l_{ji}) = \begin{cases} \dfrac{l_{ji}-\beta_{ji}}{\alpha_{ji}-\beta_{ji}}, & \text{当 } l_{ij} \text{ 为正指标} \\ \dfrac{\alpha_{ji}-l_{ji}}{\alpha_{ji}-\beta_{ji}}, & \text{当 } l_{ij} \text{ 为负指标} \end{cases} \quad (2-1)$$

其中，$\mu_j(l_{ji}) \in [0, l]$，表示区域经济子系统序参量分量 l_{ji} 的系统有序度，其值越大，l_{ji} 对 L_j 区域经济子系统有序度的贡献就大。

第二步，测度各区域经济子系统的有序度。区域经济子系统有序度的总体评价不仅取决于区域经济子系统的各序参量数值的大小，而且受到相互之间组合方式的影响。本书采用线性加权求和法进行集成，计算公式为：

$$\bar{\mu}(l_j) = \sum_{i=1}^{m} \lambda_i \mu_j(l_{ji}), \lambda_i \geq 0, \sum_{i=1}^{m} \lambda_i = 1 \quad (2-2)$$

其中，$\lambda_i \geq 0$，λ_i 为熵值法确定的权重系数，表示在区域经济子系统有序运行过程中某一区域经济子系统序参量 l_{ji} 所处的地位或所起的作用。指标权重 λ 的确定采用熵值赋权法。[①]

样本 i 的第 j 个指标值为 x_{ij}（$i=1, 2, \cdots, n$；$j=1, 2, \cdots, p$），其中，n 为区域的个数。p 为指标的个数。首先根据指标的不同性质采取不同的标准化处理方式，对于正指标：

$$x_{ij}^* = \frac{x_{ij} - \min_j(x_{ij})}{\max_j(x_{ij}) - \min_j(x_{ij})}$$

逆指标：

$$x_{ij}^* = \frac{\max_j(x_{ij}) - x_{ij}}{\max_j(x_{ij}) - \min_j(x_{ij})}$$

再对指标进行比重变换：

$$s_{ij} = \frac{x_{ij}^*}{\sum_{i=1}^{n} x_{ij}^*}$$

计算指标的熵值：

[①] 高晓燕等：《县域经济、县域金融及其协同发展——基于复合系统协调度模型的检验》，《江汉论坛》2016 年第 6 期。

$$h_j = \sum_{i=1}^{n} s_{ij} \ln s_{ij}$$

并将熵值标准化得：

$$a_j = \frac{\max_j h_j}{h_j}$$

最后，根据标准化的熵值计算各指标的权重：

$$\lambda_i = \frac{a_j}{\sum_{j=i}^{n} a_j}$$

（二）复合系统协同度模型

复合系统理论认为，协同度是指系统或系统组成要素在动态发展中保持一致的程度，在整个过程中采取的调节措施所遵循的规律和准则即系统的协调机制。复合系统协同度模型是在区域经济子系统有序度的基础上构造的，用于进一步度量和评判复合系统协同运行的效果，其计算公式如下：

$$x = \theta \sqrt[n]{\prod_{j=1}^{n} [\overline{u_j^1}(l_j) - \overline{\mu_j^0}(l_j)]} \qquad (2-3)$$

$$\theta = \begin{cases} 1, [\overline{\mu 1_j}(l_j) - \overline{\mu 0_j}(l_j)] > 0 \\ 0 \end{cases} \qquad (2-4)$$

对复合系统协同度模型的说明：

（1）假定给定的初始时刻为 t_0，则子系统序参量的经济有序度为 $\mu_j^0(l_j)$，当该复合系统演变发展到 t_1 时刻，则子系统序参量的经济有序度为 $\mu_j^1(l_j)$。

（2）根据式（2-3）可知，$x \in [-1, 1]$，其取值越大，说明系统的整体协同度越高；取值越小，说明系统的整体协同度越低。

（3）系数 θ 的意义在于确保公式有意义，而且当且仅当 $[\overline{\mu_j^1}(l_j) - \mu_j^0(l_j)] > 0$ 时，系统在所考察的 t_0 到 t_1 这一时间段中是处于协同发展状态的；否则，则表明系统中至少有一个子系统没有沿着有序的方向发展。

三 西北四省经济协同水平测度

将 2007—2016 年西北四省经济系统视为子系统，测算经济子系统的有序度，并以此为基础构建经济复合系统协同度测度模型，从而实证分析西北四省经济协同水平，并根据实证结果提出相应的政策建议。

（一）序参量指标的选取和数据来源

构建经济协同研究指标体系时，需要选择合理的序参量。根据已有文献关于区域经济评价指标和关于区域经济协同度的研究，按照合理性、系统性和数据的可获取性原则，采用了经济发展水平、经济结构和经济效益三个方面八个指标作为序参量来研究，其中采用人均GDP和全社会固定资产投资指标来反映经济发展水平；经济结构分别采用第一产业增加值、工业增加值和第三产业增加值表示；采用地方财政收入、城镇居民人均可支配收入、农村居民人均纯收入三个指标来衡量经济效益。[①]

指标体系如表 2-1 所示。数据来源于 2008—2017 年的《甘肃统计年鉴》《宁夏统计年鉴》《青海统计年鉴》和《新疆统计年鉴》。

表 2-1　　　　　　　　区域经济系统序参量

系统	基准层	序参量	单位
区域经济子系统	经济发展水平	人均 GDP	元/人
		全社会固定资产投资	亿元
	经济结构	第一产业增加值	亿元
		工业增加值	亿元
		第三产业增加值	亿元
	经济效益	地方财政收入	亿元
		城镇居民人均可支配收入	元/人
		农村居民人均纯收入	元/人

（二）数据处理

利用标准差法（Z-Score）对序参量的原始数据进行标准化处

---

① 崔治文、赵妍：《"新丝绸之路经济带"经济协同发展研究》，《改革与战略》2015年第12期。

理，从而消除量纲不同带来的干扰。

（三）区域子系统有序度测定

将标准化后数据分别代入式（2-1）和式（2-2）计算经济序参量的有序度，确定各指标权重（见表2-2）。

表2-2 西北四省序参量的权重

	人均GDP	全社会固定资产投资	第一产业增加值	工业增加值	第三产业增加值	地方财政收入	城镇居民人均可支配收入	农村居民人均纯收入
甘肃	0.1233	0.1270	0.1225	0.1224	0.1264	0.1233	0.1278	0.1273
宁夏	0.1227	0.1275	0.1229	0.1217	0.1241	0.1287	0.1242	0.1283
青海	0.1230	0.1306	0.1227	0.1224	0.1277	0.1245	0.1245	0.1245
新疆	0.1226	0.1278	0.1228	0.1205	0.1277	0.1264	0.1261	0.1260

将计算得到的西北四省经济序参量有序度和指标权重代入式（2-2），求出经济子系统有序度（见表2-3）。

表2-3 西北四省经济子系统的有序度

年份	甘肃	宁夏	青海	新疆
2007	0.0299	0.0081	0.0295	0.046
2008	0.1106	0.1074	0.1206	0.1189
2009	0.1799	0.169	0.1645	0.147
2010	0.3055	0.2907	0.3014	0.2906
2011	0.4505	0.4313	0.4378	0.4322
2012	0.5798	0.5512	0.5603	0.5705
2013	0.6976	0.6755	0.6914	0.7028
2014	0.8044	0.7914	0.7961	0.8248
2015	0.8632	0.8772	0.8834	0.8692
2016	0.9404	0.9718	0.9779	0.9062

从表2-3和图2-1反映的四省域经济子系统有序度可以发现：（1）从发展趋势看，在2007—2016年，经济子系统有序度都呈上升的态势，说明甘肃、宁夏、青海和新疆的经济在不断地朝有序化方向发展。（2）从发展程度来看，经济子系统有序度的发展程度都在不断地提高，而且彼此之间的经济系统有序度差别很小，一直以来都保持较为一致的发展程度。（3）西北四省序参量有序度和经济子系统有序度都呈上升的态势，说明经济发展水平、经济结构、经济效益水平都在不断地朝有序化方向发展。人均GDP和全社会固定资产投资作为衡量区域经济发展水平的有效指标，有序度趋于稳步上升状态。但就人均GDP和全社会固定资产投资有序度来讲，宁夏在考察期的初始时刻明显低于其他三个省（区），说明宁夏的经济发展水平与其他省（区）发展不匹配。但是随着时间的推移差距越来越小，甚至到最后超越了其他三个省（区）。根据第一产业生产总值、工业生产总值和第三产业生产总值反映的经济结构有序度来看，三次产业结构在不断地优化升级，第三产业所占比重不断增加，第一产业比重不断减少，第二产业继续保持一定的比重。以财政收入和居民收入构成的经济效益的有序度也呈上升趋势，说明经济发展成果由人民共享，人民生活水平在不断地提高。

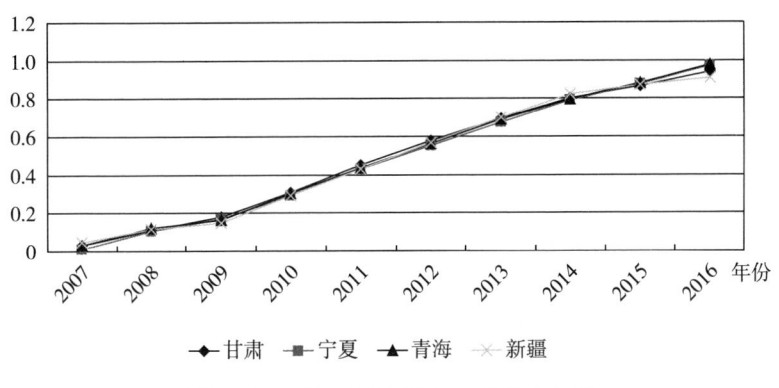

图2-1 西北四省经济子系统的有序度

将表2-3的数据代入式（2-4）分别求出西北四省经济复合系统协同度（见表2-4）。

表2-4　　　　　　　西北四省经济复合系统协同度

年份	2008	2009	2010	2011	2012	2013	2014	2015	2016
协同度	0.0854	0.0479	0.1317	0.1409	0.1273	0.1262	0.185	0.1274	0.1272

如表2-4和图2-2所示，整体来看协同程度都较低，表明西北四省经济协同发展程度处于较低层次。究其原因，资源和要素没能够充分流动，还没有进行高度的优化组合，由于地区的发展不平衡、不充分，西北四省的互动与交流还不够，与外部的互动与交流也较少。

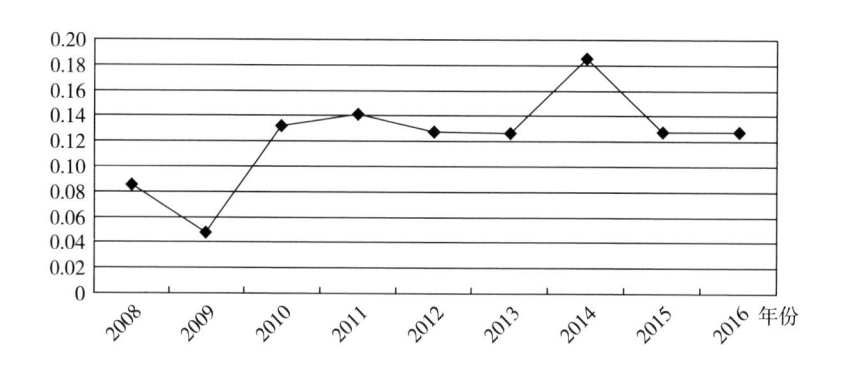

图2-2　西北四省经济复合系统协同度

西北四省经济复合系统协同度呈动态变化过程。2008—2009年系统协同度呈下降趋势，原因可能是国际金融危机、重大自然灾害以及复杂多变的国内外形势对经济发展造成一定的影响。2009—2011年系统协同度呈现出快速上升趋势，原因可能是国家西部大开发战略的实施，国家投资力度加大，政策宽松，经济出现蓬勃发展。2011—2013年系统协同度短暂下降，原因可能是经济发展进入新常态，经济增长速度放缓，注重经济发展质量在提升。2013—2014年系统协同度开始上升，原因是经济发展方式正在加快转变，新的经济发展机遇出现。2014—2016年系统协同度又开始下降，其中2015—2016年系统协同度下降幅度很小，综合来讲可能是经济发展出现新的挑战与困难，经济发展动力不足，产能过剩等问题较为严重。总之，西北四省应该充分融入新丝路建设中来，发挥自身的资源优势、促进要素流动，实现更高层次的对外合作与交流。

四 结论与政策建议

通过实证分析结果可知，西北四省经济子系统的有序度呈现平稳上升态势，为区域经济协同发展奠定了坚实的基础。目前我国经济发展进入新常态，经济增速开始放缓，经济增长的后劲不足，且面临复杂的国内外环境。近年来，西北四省借助自身资源、政策优势，经济依然保持稳定增长，新型城镇化进程不断加快。西北四省处于新丝路沿线，新丝路建设的推进，使西北四省面临新的机遇和挑战。如何协同发展，加快与中亚合作，提高对外开放水平呢？

（一）树立互利共赢的地区发展理念

互利共赢的发展理念是协同发展的重要理念。首先是西北四省之间的合作交流，充分加强区域及产业间的合作，实现要素的充分流动和科技的共享，实现共赢与利益最大化。其次，加强与其他区域的合作交流，牢固树立共商、共建、共享理念，加强与新丝路建设重大战略的统筹衔接，提高开放水平，促进与其他区域的合作交流。

（二）优化区域空间格局

根据实证结果分析，西北四省经济协同度并不高，可能是地方各自为政，导致要素和资源难以实现最优化配置和协同发展，造成产业趋同和资源浪费等状况。因而西北四省应优化经济空间格局，培育新的增长极和增长带，促进城乡要素平等交换和合理配置。

（三）强化规划实施保障

根据实证结果的分析，西北四省域子系统的有序度在不断提高，因此国家要进一步加大支持力度。首先，人才培育方面。应改革人才市场管理体制，消除城乡、区域、部门的障碍，建立完善统一的人才市场体系。其次，资金金融方面。应建立多元化、持续化的金融体系。统筹发挥各大金融机构的协同作用，形成合理分工的金融机构体系。最后，将创新作为推进地区开发的第一动力，以科技创新为核心积极推进各领域创新，加大力度推进供给侧结构性改革，大力促进创新创业，增强地区经济发展的新活力。

第二节 西北四省产业协同发展方向

一 问题的提出及文献综述

2014年12月，中央经济工作会议将这"一带一路"建设纳入全年工作任务，由此"一带一路"建设正式成为中国内政外交的指导思想。2015年3月，国家发展改革委、外交部、商务部联合发布《推动共建新丝绸之路经济带和21世纪海上丝绸之路的愿景和行动》，"一带一路"建设进入实施阶段。"一带一路"是以古丝绸之路为文化象征，以上海合作组织和欧亚经济共同体为合作平台，以立体综合交通运输网络为纽带，以城市群和中心城市为支点，以跨国贸易投资自由化和生产要素优化配置为动力，以区域发展规划和发展战略为基础，以货币自由兑换和人民友好往来为保障，以实现各国互利共赢和亚欧大陆经济一体化为目标的带状经济合作区。[①]

产业协同的理论源于哈肯的协同理论，该理论认为，在任一系统内决定系统整体行为的是各子系统之间的相互作用及其协同效应[②]，即子系统之间通过一定方式的结构组合，发挥出这些子系统超过简单相加所达到的效果。科技的发展促使分工更加细化，产业本身是一个复杂的分工网络，产业协同就是要促进产业分工。[③] 一般认为，产业协同是指在受到技术进步、经济、社会环境、资源等多种因素作用下，产业或产业群彼此之间协调合作形成一种结构有序的过程，即多个产业及其相关的子产业在发展过程中相互配合、互相协调，在越来

[①] 白永秀、吴航、王泽润：《丝绸之路经济带战略构想：依据、目标及实现步骤》，《人文杂志》2014年第9期。

[②] 赵双琳、朱道才：《产业协同研究进展与启示》，《郑州航空工业管理学院学报》2009年第6期。

[③] 李若朋、荣蓉、吕廷杰：《基于知识交流的两种产业协同模式》，《北京理工大学学报》2004年第3期。

越复杂的网络分工中解决好产业协调发展的问题。①

綦良群和王成东（2012）认为，产业的协同发展可以促进协同系统内各要素的相互补偿、优化配置和高效整合，从而在产业间产生要素的耦合效应、技术波及效应、产业关联效应和共生经济效应，进而促进产业、区域经济和宏观经济的发展。罗捷茹（2013）分析了加拿大产业协同的发展模式，认为我国产业协同需破除关联产业之间的互动障碍，加强产业之间的支撑和互补，促进产业链的拓展延伸与对接，全面推动产业的配套、协调、可持续发展。孙久文和张红梅（2014）分析了京津冀地区产业协同的优势条件和劣势条件，认为京津冀的协同发展应该充分发挥京津冀三地各自的比较优势，因地制宜地进行合理的分工，既要做好产业间协同分工，也要做好产业内协同分工。邬晓霞等（2016）对京津冀产业协同发展的共建产业转移园区、产业搬迁、跨区投资设立公司三种模式进行了比较研究。张明之（2017）以长三角经济区为例，分析了产业协同的类型及其运行方式，认为产业协同的类型主要包括发展环境、产业链联结以及产业协同驱动力这三个方面，其运行机制主要有动力机制、主体选择机制、保障机制和反馈评估机制。向晓梅和杨娟（2018）分析了粤港澳大湾区产业协同发展模式，认为在粤港澳大湾区产业协同发展模式选择上，制造业要以产业链分工和协作配套为重点，现代服务业要以产业间和产业链合作为重点，产业全面融合要以协同研发和市场的共同开拓为重点。除此之外，耿德伟（2016）、龚晓菊和申亚杰（2017）用区位商分别测算了京津冀地区和天山北坡城市群的优势产业，并对该研究区域产业协同提出发展建议。

基于产业协同理论和相关文献来看，产业协同一方面要加强各产业间的联系或是地区间产业的联系，加强产业的分工合作；另一方面政府要给予一定的支持力度，颁布适合的优惠政策、努力营造适合产业协同发展的外部环境。从研究区域来看，大多是关于京津冀地区的

---

① 徐力行、高伟凯：《产业创新与产业协同——基于部门间产品嵌入式创新流的系统分析》，《中国软科学》2007年第6期。

产业协同的研究，西北地区的研究较少。从研究内容的上看，一部分学者选择对产业协同发展的模式进行研究，也有学者采用区位商来测算该地区的优势产业，或是测算地区间的产业竞争度，然后根据测算的结果再进一步提出产业协同发展的方向。

西北四省，由于历史的原因，经济基础较差、产业结构不合理和产业趋同化问题严重，加之各地区的经济合作较少，各地区的发展相对孤立，经济发展状况不尽理想。从产业协同的角度来探讨经济发展的问题，首先应分析产业协同的必要性和优势，然后根据地区的优势产业，提出产业协同发展的方向。

二 西北四省产业协同发展的必要性和条件

（一）产业协同发展的必要性

新疆、甘肃、宁夏及青海，幅员辽阔，占中国国土面积的30%。但长期以来地区间的经济合作较少，各地区的发展相对独立，地区间的经济发展差异较大。随着"一带一路"建设的提出，地区之间的经济合作不断加深，因此，地区间产业的协同发展显得尤为重要。一方面，地区间产业协同可以整合各地区的资源和生产要素，增加地区间经济联系强度，提高地区间经济合作的频率，从而达到"1+1>2"的协同效应。另一方面，产业协同能够促进各地区之间产业的优势互补，增加地区间产业的合作，带动西北地区经济同步发展，打破原有的地区间孤立的模式。

（二）西北四省产业协同发展的条件

1. 经济及产业基础条件

经济基础良好。2016年西北四省GDP为22591.15亿元，占新丝路沿线9省经济总量的17.96%，人均GDP为39733亿元，经济的发展为产业的发展提供了良好的基础。工业方面，西北四省拥有规模以上工业企业6766家，占新丝路沿线9省份的15.78%，旅游业的发展带动了地区服务业的发展。2016年，第三产业增加值为10595.01亿元，占新丝路沿线9省份的18.57%。由此可见，西北四省在新丝路建设中拥有重要的经济地位，具有产业协同发展的良好基础条件。

2. 地理位置及交通条件

西北四省是连接中亚国家与内地的枢纽，是中亚国家与内地交易的中转站。甘肃毗邻青海、宁夏和新疆三个省（区），拥有良好的地理优势，除此之外，近年来，甘肃也在努力打造陆上丝绸之路的货物集散中心，努力成为大宗商品的交易地和进出区域货物的中转中心。

宁夏和青海都是新丝路建设重要的战略支点。青海位于中国与中亚经济板块的中心位置，同时青海是连接东南沿海、西南以及西北地区的重要交通枢纽，是连接南北、承接东西货物运输的重要通道；而宁夏是东部与中部地区通往中亚和欧洲大陆的便捷通道。另外，青海和宁夏的交通系统相对完备，2016年青海和宁夏的铁路营业里程分别是2349.2千米和1320.1千米，公路营业里程分别是78585千米和33940千米，分别拥有等级公路69956条和33767条，青海和宁夏良好的交通系统能够促进地区间产业协同发展。

新疆地处亚欧大陆腹地，是第二座"亚欧大陆桥"的必经之地。新疆的交通系统在西北四省（区）中最为发达，2016年，新疆铁路营业里程为5869千米，公路营业里程为182058千米，拥有144113条等级公路。2016年新疆的货运量达71961千吨，其中公路运输为65139千吨，说明新疆的交通运输能力在西北四省中较强，尤其是公路运输能力。

3. 资源条件

西北四省拥有丰富的矿产资源，其中石油和天然气的储量分别占全国总量的28.14%和22.44%，同时，还拥有钒、钛等稀有金属矿产，耕地面积占9省份的34.46%，除此之外，拥有多种特色产品，其中，甘肃拥有多种药材资源，也是中国药材主要产区之一，而宁夏和新疆拥有丰富的林木资源。在劳动力方面，2016年15—64岁劳动年龄人口规模达453.97万，为产业协同发展提供了劳动力保障。

三 西北四省产业协同发展影响因素

（一）区域发展差异较大

2016年新疆的生产总值为9649.7亿元，是宁夏的3倍、青海的

1.5倍。甘肃的生产总值为7200.37亿元，仅次于新疆。宁夏和青海在教育和医疗等方面也落后于甘肃和新疆，2016年，宁夏和青海用于教育和医疗的财政支出只占甘肃和新疆的30%。过大的发展差距对西北四省产业协同发展产生十分不利的影响。

（二）产业趋同问题严重

按照各地区的优势进行合理产业分工是实现地区资源配置的优化、促进地区间产业的优势互补和提升竞争力的前提。长期以来，西北四省依靠自然资源发展经济，工业优势产业大都集中于资源类的行业，轻工业和高新技术企业发展状况很不理想。调整产业格局是产业协同发展考虑的重点之一。

（三）创新能力不足

创新能力的强弱对于地区产业的发展至关重要，而创新能力的不足是阻碍西北四省产业协同发展的因素之一。2016年西北四省发明专利共2785件，占全国的比重不足1%。除资金投入不足以外，科技人员的匮乏也是地区创新能力不足的原因之一。创新能力的不足，不仅会影响工业企业生产效率，也会影响产品的质量，进而影响产业由低端向高端的发展。

四　西北四省产业协同发展方向

首先，计算各产业的区位商，分析西北四省的优势产业；其次，各区域应重点发展优势产业，培养其优势产业及相关产业链；同时要加强地区间的合作，要做到地区间产业和要素的优势互补，协同发展。

（一）农业方面

如表2-5所示，农业是甘肃、宁夏和新疆的优势产业，而青海的优势产业是牧业。因此，甘肃、宁夏和新疆三省要重点发展农业，培育当地的特色农产品，为工业企业生产提供原材料。青海应重点培养牧业，注重培育肉类、奶类等产业以延伸相关的产业链，促进产业发展。

表2-5　　　　　　　西北四省农业产业区位商

	甘肃	青海	宁夏	新疆
农业	1.344	0.477	1.259	1.295
林业	0.315	0.328	0.325	0.345
牧业	0.879	1.560	0.982	0.978
渔业	0.015	0.074	0.254	0.054
农业生产总值（亿元）	983.39	332.77	241.60	1648.97

资料来源：根据《中国农村统计年鉴（2017）》整理计算得出。

(二) 工业方面

在工业方面，如表2-6所示，甘肃的优势产业主要集中在资源开采及加工类的产业，金属制品、机械和设备修理业以及酒、饮料和精制茶制造业；青海的优势较少，只有石油和天然气开采业及有色金属冶炼和压延加工业；宁夏的优势产业既包含煤炭开采和洗选业，石油加工、炼焦和核燃料加工业及有色金属冶炼和压延加工业这样的重工业，还包含食品制造业、纺织业这样的轻工业；新疆的优势产业与甘肃类似，大部分集中在资源开采类的产业，除此之外还有石油加工、炼焦和核燃料加工业、有色金属冶炼和压延加工业以及化学纤维制造业。

表2-6　　　　　　　西北四省工业产业区位商

工业产业	甘肃	青海	宁夏	新疆
煤炭开采和洗选业	1.774	0.101	5.582	1.010
石油和天然气开采业	8.239	1.972	0.052	9.497
黑色金属矿采选业	1.468	0.040	0.373	1.116
有色金属矿采选业	1.535	0.598	—	1.031
石油加工、炼焦和核燃料加工业	2.841	0.038	3.818	3.074
有色金属冶炼和压延加工业	4.468	1.258	1.383	1.795
开采辅助活动	2.745	—	—	9.752
酒、饮料和精制茶制造业	1.044	0.249	0.581	0.645

续表

工业产业	甘肃	青海	宁夏	新疆
食品制造业	0.491	0.162	1.774	0.867
纺织业	0.085	0.071	1.547	0.538
金属制品、机械和设备修理业	1.198	0.045	—	0.156
化学纤维制造业	0.007	—	—	1.235

资料来源：根据《中国工业经济统计年鉴（2017）》整理计算得出。

因此，甘肃应重点发展石油和天然气开采业，有色金属冶炼和压延加工业，酒、饮料和精制茶制造业，以及金属制品、机械和设备修理业；甘肃工业基础良好且科技水平在四个省份中也较高，因此，甘肃在发展优势产业的同时也要注重培养高新技术产业，为其他地区产业的发展提供技术支持。青海应重点发展石油和天然气开采业及有色金属冶炼和压延加工业。宁夏应重点发展煤炭开采和洗选业，石油加工、炼焦和核燃料加工业，食品制造业和纺织业，宁夏在西北四省中轻工业发展相对较好，因此宁夏更应重点培养轻工业的优势产业，以弥补四个省份轻工业发展的不足之处。新疆则应重点发展石油和天然气开采业，石油加工、炼焦和核燃料加工业以及化学纤维制造业。新疆油气资源丰富，因此，在发展资源开采业时，也要重视产品的深加工，由低端产业逐渐向中、高端产业发展。

（三）服务业方面

在服务业方面，如表2-7所示，宁夏的优势产业最多，主要有交通运输、仓储和邮政业，以及住宿和餐饮业、金融业；青海的优势产业主要是住宿和餐饮业及金融业；新疆的优势产业为交通运输、仓储，以及邮政业及住宿和餐饮业；甘肃只有住宿和餐饮业是优势产业。通过表2-7我们发现，服务业优势产业大多集中在交通运输、仓储和邮政业、住宿和餐饮业及金融业这三类产业中。一方面说明货物运输及仓储能力较强，另一方面住宿和餐饮业作为优势产业也能够说明旅游业发展较好。

表 2-7　　　　　　　　　西北四省服务业区位商

服务业	甘肃	青海	宁夏	新疆
批发和零售业	0.783	0.800	0.546	0.728
交通运输、仓储和邮政业	0.844	0.994	1.648	1.502
住宿和餐饮业	1.670	1.213	1.106	1.066
金融业	0.847	1.380	1.221	0.815
房地产业	0.560	0.407	0.569	0.548

资料来源：根据《中国第三产业统计年鉴（2017）》整理计算得出。

甘肃拥有丰富的旅游资源，因此甘肃应注重发展旅游业以带动住宿和餐饮业的发展；宁夏和青海应重点发展金融业，金融业发达能够为企业的发展提供一定的资金支持；除此之外，宁夏和新疆要重点发展交通运输业，为旅游业和产品运输提供交通上的便利。

五　结论和对策建议

（一）结论

西北四省的工业优势产业有趋同的现象，大多集中在资源开采类和金属加工类的产业，具有优势的轻工业较少，说明地区工业优势产业更多是重工业，轻工业发展较缓慢；西北四省服务业中的住宿和餐饮业是优势产业，金融业、交通运输、仓储和邮政业发展状况相对较好，但批发和零售业、房地产业是地区服务业发展缓慢的行业。因此，产业协同发展方向应注重地区优势产业，同时要加强地区间的合作，要做到地区间产业和要素的优势互补。此外，也要注重培养一些轻工业和高新技术产业，为未来产业协同发展提供新的方向。

（二）对策建议

1. 建立地区间利益协调机制

为保证地区间产业协同的良好发展，必须建立地区间的利益协调机制，以避免西北四省之间因为资金、技术和劳动力资源等生产要素的流动障碍，导致地区之间发展差距拉大。对此，一方面通过政府建立西北四省内部的协作机制，合理配置资源，创造良好的合作氛围，促进产业发展；另一方面要建立外部联动机制，以利益共享、责任共担为目的，增强地区之间的合作，由点到面向外扩散发展，发挥各地区发展较好的产业的优势，彼此优势互补，避免出现同质现象，进一步深化区域之间的分工与合作，更好地实现西北地区产业间协同发展。

2. 提高创新能力，注重人才的培养和引进

创新是经济发展的源泉之一，也是产业发展的驱动力。为提高创新能力，一方面政府的财政支出要加大对科学技术支出的比例，为科研工作的发展提供资金支持；另一方面要加大财政教育支出的比例，实施吸引人才的优惠政策，为地区产业的协同发展提供人才上的支持。

3. 提供金融支持

地区经济的发展离不开金融业的支持，一方面要发挥地区内金融业的优势，另一方面要积极引导西北四省金融机构产品和服务的创新，为工业产业发展提供融资服务，同时为高精尖技术的发展和创新提供资金上的支持，促进高精尖技术产业的发展。除此之外，要探索构建区域一体的金融服务体系，支持金融机构跨地区开展业务，促使金融资源对产业协同发展提供资金帮助。

党的十九大报告强调"中国开放的大门不会关闭，只会越开越大"，形成全面开放新格局，要以"一带一路"建设为重点，坚持"引进来"和"走出去"并重，遵循共商共建共享原则，加强创新能力开放合作。西北四省地处内陆，经济发展缓慢，新丝路建设是其经济发展的新起点，因西北四省与蒙古国及俄罗斯、哈萨克斯坦、吉尔吉斯斯坦等国家接壤，经济对外开放有着地理上的优势。下一章，我们进一步分析西北四省对外开放水平，力求从总体上了解其对外开放的规模和竞争力水平及对外贸易结构和方向，以把握新的机遇，扩大对外交流和发展。

第三章 西北四省对外开放竞争力测度及评价

21世纪以来，世界经济进入全球化时代，各地区之间的经济交流越来越密切、区域间的经济竞争也越来越激烈，在经济全球化浪潮中任何国家和地区都必须迎接挑战，发展开放型经济。从1978年我国提出对外开放战略至今，已经过去40多年。通过扩大国际经济贸易、积极参与经济全球化，我国经济发展取得了前所未有的成就，这说明对外开放是强国富民的必由之路。党的十九大报告中提出，"发展更高层次的开放型经济""推动形成全面开放新格局"，这些战略部署既适应了经济全球化的新趋势，又深刻把握了国内改革发展的新要求，充分表明中国开放的大门不会关闭，只会越开越大，我国将坚定不移地实行对外开放战略，继续推出扩大开放的新举措，不断提高对外开放的质量和水平。

西北地区一直是我国经济发展的"短板"，并且又处于大陆的内部，对外开放水平很低，但是"一带一路"倡议的提出，将改变西北地区的发展定位，带来前所未有的机遇，极大地促进开放型经济的发展。西北四省地区作为通往中亚的桥头堡，将在我国对外开放进程中起到重要作用。西北四省开放竞争力的水平到底如何？存在哪些优势和劣势？对这些问题进行实证研究，对于发展开放型经济、提高西北地区对外开放竞争力，特别是和中亚经济合作具有重要意义。

第一节 西北四省地区对外开放现状

从改革开放到西部大开发等一系列战略实施以来，西北地区的经济发展取得了明显成就。整体来看，GDP 和人均收入都稳步提高，基础设施更加完善，产业结构不断优化，虽然存在经济基础差和区位优势不明显等不利因素的影响，以及同中部、东部地区差距较大的现实，但随着国家进一步的政策供给和战略导向，内陆开放、向西开放将成为地区新的经济增长点，这些有利条件将激发该地区的经济活力，促进外向型经济的发展，所以可以预见，西北地区未来的经济发展潜力巨大。

从经济总量上看，新疆和甘肃相对比较接近，差距并不是很大，2016 年 GDP 增长率均为 7.6%，两者同步上升。宁夏和青海经济体量较小，但值得一提的是，两者的 GDP 增长率一直好于全国平均水平，分别为 8.1% 和 8.0%，表明两省（区）的经济发展速度较快。

西北四省的人民生活水平，主要从人均 GDP 和居民人均收入两个指标（见表 3-1）来观测。2016 年我国人均 GDP 达到 53817 元，而甘肃人均 GDP 只有 27508 元，远远低于全国平均值，排在倒数第二的位置，可见甘肃人民生活水平是明显落后的，具有经济总量不高、人均过低的特点。宁夏和青海人口总数不高，所以人均 GDP 排在全国中游位置，但居民人均收入排名相对靠后。

表 3-1　2016 年西北四省人均 GDP、居民人均收入及排名情况　　单位：元

地区	人均 GDP	全国排名	居民人均收入	全国排名
新疆	40466	21	18355	25
甘肃	27508	31	14670	30
宁夏	47157	15	18832	22
青海	43750	18	17302	27

资料来源：各省统计年鉴。

由表 3-2 可知，在经济结构上，西北四省整体上均实现了"三二一"的产业结构，而且第三产业比重还在不断上升，这表明产业结构不断优化升级，有利于经济的进一步增长。但是经济结构依然与全国水平存在一定差距，特别是新疆和甘肃的第一产业比重依然很高，

虽然新疆是传统畜牧业大省,但也在一定程度上存在农业现代化发展滞后问题。其次,宁夏和青海的第二产业比重过大,工业化水平低,第二产业比重下降比较缓慢,限制了劳动力向第三产业转移。从第三产业的比重来看,除甘肃外其他省区均与全国水平有一定差距,甘肃第三产业比重高,并不代表其现代服务业发展水平很高,因为随着城镇化速度的加快,旅游业和物流业快速发展从而带动第三产业从业人数的增加,故第三产业占比明显提高。

表3-2　　　　　　　2016年三次产业比重情况　　　　　　单位:%

地区	第一产业	第二产业	第三产业
新疆	17.21	37.22	45.57
甘肃	13.61	34.84	51.55
宁夏	7.62	46.84	45.54
青海	8.6	48.59	42.81
全国	8.56	39.81	51.63

资料来源:各省统计年鉴。

改革开放40多年,西北四省在经济发展上取得了一定的成绩,但从现实情况来看,由于处在内陆深处,基础设施条件薄弱,经济发展滞后等原因,其对外开放水平一直还处于低水平、不全面的阶段。

一　外贸现状

对外贸易作为对外开放的最主要内容,是衡量一个国家或地区对外开放程度的重要依据,而对外贸易的规模常用进出口总额来反映,表3-3给出了西北四省2011—2016年进出口总额的数据。

表3-3　　　　　　2011—2016年进出口总额　　　　　单位:万美元

地区	2011年	2012年	2013年	2014年	2015年	2016年
甘肃	872858	890076	1023611	864061	795202	683298
青海	92381	115747	140274	171789	193448	152920

续表

地区	2011年	2012年	2013年	2014年	2015年	2016年
宁夏	228575	221671	321769	543521	373926	325249
新疆	2281967	2517006	2756140	2767231	1966940	1763774

资料来源：各省统计年鉴。

从表3-3中可以看出，新疆的进出口总额是最高的，2016年达到176.4亿美元，处于绝对领先的位置，外贸规模最大。新疆地处亚欧大陆腹部，与俄罗斯、哈萨克斯坦、蒙古国、吉尔吉斯斯坦、塔吉克斯坦、巴基斯坦、印度、阿富汗八个国家相邻，边境贸易占贸易总额的一半左右，并且新疆又处在亚欧大陆桥的关键位置，是参与新丝路建设的重要省份，发展对外贸易的区位优势非常明显。

2016年甘肃的进出口贸易总额为68.3亿美元，排在第二。其显著的特征是，甘肃从原来的逆差贸易逐渐演变成顺差贸易，并且差值还有不断扩大的趋势，说明甘肃的出口在整个贸易中的地位不断提高，对外开放过程中"走出去"的能力提升很快。

宁夏的外贸规模仅高于青海，2016年达到32.5亿美元，其中出口24.9亿美元，进口7.6亿美元。总体上看，多年来一直保持较快增长，出口始终保持较高比重，但由于宁夏发展起步晚，外贸水平还处于弱势。

青海进出口总额很低，只有新疆外贸总量的10%左右，与其他省（区）也有很大差距。青海的出口比重大，出口产品单一，贸易结构不尽合理，而且青海的主要对外贸易国相对集中，贸易依赖性很强。

从时间上看，西北四省的进出口总额都在2014年后出现了不同程度的下降，而在2014年之前都是保持波动上升的趋势。首先，外贸规模的下降与国际市场需求不足有关，发达国家投资活动低迷，对能源资源、中间产品、机械设备的需求不振，使国际贸易增长显著放缓。其次，随着劳动力成本上升，与其他国家在劳动密集型产业方面的竞争更加激烈，也影响了进出口贸易。对外贸易大多是出口导向型，受国际贸易形势影响较大，贸易结构不尽合理又导致在国际贸易竞争中缺乏足够的竞争力,应对国际贸易风险的能力差。

二 外资现状

引进外资是参与国际经济的重要手段,反映对外开放过程中资本的跨国流动。衡量外资的主要指标是外商直接投资。西北四省的外商投资企业投资情况见表3-4。

表 3-4　　　　2011—2016 年外商投资企业投资总额　　　单位:万美元

地区	2011 年	2012 年	2013 年	2014 年	2015 年	2016 年
甘肃	639371	697873	651002	676434	765703	752885
青海	314360	282921	298071	309526	739601	752734
宁夏	439928	309821	353718	516377	897221	870692
新疆	560249	665476	645319	758596	85184	966596

资料来源:根据各省统计年鉴整理所得。

从表3-4中可知,新疆外商投资企业投资总额不断增长,但总量依然较小,相对于新疆的经济总量来说,外资规模明显不足。宁夏和青海快速增长后均出现一定程度的下滑,这可能与国际投资环境恶化有关,其利用外资规模还远远赶不上经济发展的实际需要,投资结构也亟须优化。甘肃的外商投资企业投资总额整体来看增长速度较慢,落后于其他省(区),实际吸收外资金额非常低。甘肃需及时改善招商引资的政策措施,从而提高外资吸引力,扩大外商投资规模。

三 对外经济合作现状

对外经济合作是指对外开放发展到一定程度时技术和劳务输出到其他国家的能力,可以用对外承包工程合同金额、承包工程与劳务合作年末在外人数表示。

整体上来看,只有新疆和甘肃签订的对外承包工程合同金额总量较高,其他省份相对较小(见表3-5)。新疆签订合同金额规模较大,发展速度快,表现出很强的竞争力,而劳务合作方面发展则严重不足。目前,承包工程主要集中在建筑、交通、电力等领域,主体是国有企业和中央企业,在新丝路建设的推动下,新疆的对外经济合作将会迎来更大的机遇。甘肃在对外合作方面潜力巨大，仅次于新疆，并且保持良好的发展势头，但是从总量上相比还有较大差距，这代表甘肃有一定的潜在竞争力。劳务输出结构也存在政府主导问题，民营企业为主的市场力量严重不足，这意味着需要政府在这方面积极扶持和推动民营企业"走出去"开拓国外市场，积极参与对外合作。青海和宁夏虽然对外经济合作规模较小，而且合同金额与劳务人数不够稳定，反映出其对外经济合作还处于起步阶段，国际市场的竞争力不强。

表3-5　　　　2011—2016年签订对外承包工程合同金额　　单位：万美元

地区	2011年	2012年	2013年	2014年	2015年	2016年
甘肃	54691	20513	155079	29040	84846	47215
青海	1225	0	51950	0	2350	20
宁夏	3262	1808	104	9494	156	5085
新疆	39840	217755	10142	177071	89315	207698

资料来源：《中国贸易外经统计年鉴》。

四　国际旅游现状

随着改革开放的不断深化，越来越多的外国人来到中国参观旅游，旅游业作为最大的新兴产业，发展速度非常快，各省份能否在国际旅游市场占有一定份额体现了对外开放竞争力。

从表3-6可以看出，新疆目前国际旅游规模相对还是比较高的，但是在经历了一段增长期之后陷入停滞。原因是旅游产品相对单一，对国际游客的吸引力下降。青海的国际旅游外汇收入多年保持10%以上的增长率。青海旅游与文化产业深度融合，旅游业已成为青海战略性支柱产业，发展速度很快。宁夏的旅游业起步较晚，对经济增长的贡献也有限，但近年来，随着中阿博览会的成功举办、内陆开放型经济试验区的成功建立，宁夏成为中国与阿拉伯国家及伊斯兰国家和地区政治对话、经贸合作、文化交流的重要平台，有力地促进了宁夏旅游业的发展，逐步建立了入境旅游的品牌效应，使宁夏的旅游外汇收入显著增加。甘肃拥有巨大的旅游资源和开发潜力，但目前旅游外汇收入并不高，不仅与同期全国平均增长水平相比有着不小差距，就是和其他地区相比也是远低于其年均增长水平，而这显然和甘肃丰富的旅游资源条件不符，说明其旅游资源开发不足。

表3-6　　　　　2011—2016年国际旅游外汇收入　　　单位：百万美元

地区	2011年	2012年	2013年	2014年	2015年	2016年
甘肃	17.4	22.35	20.39	10.17	14.18	19.14
青海	26.59	24.32	19.42	24.74	38.76	44.16
宁夏	6.2	5.45	12.08	18.48	20.84	40.58
新疆	465.19	550.57	585.02	497.04	555.89	518.73

资料来源：各省统计年鉴。

第二节　西北四省对外竞争力评价指标体系构建

对于竞争力问题的研究最早是从国际贸易角度出发的。从亚当·斯密的绝对优势理论，大卫·李嘉图的相对优势理论以及赫克歇尔—俄林的资源禀赋论可以看出，传统的国际贸易理论认为，如果一个国家拥有了劳动、资源等方面的优势，就具有了竞争力。新贸易理论则将规模经济、产品差异和不完全竞争引入国际贸易研究，提出竞争优势主要反映在规模经济、产品异质、企业竞争策略等方面，认为竞争力来源于技术优势和规模优势。[1]

一　对外竞争力的内涵及理论基础

开放经济首先开放的是贸易，其次是资本，最后扩大到其他领域。古典国际贸易理论主要是从劳动生产率的角度阐释了国际贸易产

---

[1] 黄茂兴：《区域互联互通研究：联通中国与亚欧非合作新未来的战略支撑》，经济科学出版社2016年版。

生的原因，亚当·斯密的绝对优势理论说明了国际商品价格差异以及国际贸易活动的原因，揭示出国际分工对于促进国际贸易的重要作用。但如果某个国家没有生产任何产品的绝对优势，那么参加国际分工将成为问题。大卫·李嘉图在绝对优势理论的基础上提出了比较优势理论，认为不同国家在生产不同产品上的劳动生产率和成本都存在差异，每个国家可以根据自身优势分工生产自己具有比较优势的产品，这样在国际贸易中依然具有相对的竞争力。之后，赫克歇尔—俄林的资源禀赋论提出，每个国家的资源禀赋各不相同，如果每个国家通过分工都使用本国最丰富的生产要素来生产产品，再经过国际贸易交换后，每个国家就都获得了最大收益。① 根据该理论，国家或地区加快对充裕生产要素的获取，能增强技术优势、实现规模经济，进而提高一国或地区的国际竞争力。

发展中国家利用外资和对外投资理论。其中，钱纳里和斯特劳特的"两缺口"理论为发展中国家吸引外资和利用外资奠定了理论基础。该理论认为，储蓄、外汇是经济增长的两个约束条件，当投资大于储蓄时就会出现储蓄不足，进口大于出口时就会出现外汇不足。为了弥补储蓄或者外汇缺口，可以相应地减少投资或者减少进口，但这都会减慢经济增长速度，解决方法是引进外资来平衡，"两缺口"理论突出了利用外资对促进经济增长的重要作用。

美国哈佛商学院教授迈克尔·波特分别于 1980 年、1985 年、1990 年出版了被称为"竞争三部曲"的《竞争战略》《竞争优势》《国家竞争优势》，由此创立了竞争优势理论。在竞争力研究领域应用最广泛的竞争力理论当属在《国家竞争优势》一书中建立的钻石模型，这一模型旨在探讨一个国家如何建立竞争优势。波特认为，竞争优势包括了四个基本要素和两个辅助要素。其中四个基本要素指生产要素状况、需求状况、相关产业与辅助产业，以及企业战略、结构与

---

① 参见金碚《竞争力经济学》，广东经济出版社 2003 年版。

竞争。另外两个辅助要素则是政府和机遇。① 钻石模型被众多学者直接应用或加以改造运用于不同层面的竞争力分析，成为当今竞争力研究领域广泛应用的基本理论。

相互依赖理论认为，世界经济是相互依赖的，这种依赖性随社会的日益发展而扩展到各个国家和民族，将世界经济连接成一个有机整体。当前世界经济一体化的趋势明显，反映了区域经济发展的相互依赖，而且这种相互依赖也是市场经济发展的客观要求和必然趋势。相互依赖就说明一国的经济发展越来越离不开其他国家，各国的经济联系越发紧密，这要求任何国家和地区绝不能彼此封闭，沿海、沿边和内陆区域都是世界经济体系的一个组成部分，也是区域经济的重要力量，实行对外开放是任何区域实现经济发展和融入世界经济的必然选择。②

相互依赖对相关国家的经济发展所产生的影响，有积极和消极两方面，并且相互依赖的影响可能是积极和消极方面同时存在，相互交织，积极的影响将推动区域间的经济交流与合作，消极的影响可能会引发经济摩擦和冲突。所以，各地区或国家有必要发挥自身的竞争优势，实现优势互补、互惠互利，扩大区域间的经贸合作，从而推动世界经济的一体化进程。

以杨小凯为代表的一批经济学家运用超边际分析的方法，深入研究古典经济学中的分工与专业化，创立了新兴古典贸易理论。该理论将贸易的起因归结为分工带来的专业化经济与交易费用两难冲突相互作用的结果，从而对贸易的原因给出了新的解释思路，使贸易理论的核心重新回到分工引起的规模报酬递增，是一种内生动态优势模型，是贸易理论和贸易政策统一的模型，是国内贸易和国际贸易统一的模型，能够整合各种贸易理论，是贸易理论的新发展。新兴古典贸易理论最重要的特点在于，该理论能够揭示国内贸易为何和如何发展到国

---

① 付迪：《向西开放背景下新疆边贸企业竞争力研究》，硕士学位论文，新疆大学，2014年。

② 刘新智：《开放型区域经济发展理论研究》，科学出版社2015年版。

际贸易，以每个人既是生产者又是消费者为分析框架，从交易效率的提高角度解释了国内贸易向国际贸易的演进。当交易效率很低时，人们自给自足，没有交换和贸易产生。随着交易效率的提高，首先出现一些地方性市场，但尚不需要统一的国内市场。随着交易效率的进一步提高，各分割的地方性市场逐渐形成统一的国内市场。如果交易效率很高，则国内市场规模限制了分工的发展，所以，国际贸易就产生了。

二 国内外研究综述

20世纪80年代，国外学者开始研究区域经济竞争力，其中，瑞士国际管理发展学院（IMD）、世界经济论坛（WEF）的国际竞争力理论和迈克尔·波特的国家竞争优势理论，是国际上关于衡量国家竞争力最具代表性的研究。IMD认为，国家竞争力就是指一国或企业在国际化的市场中比其竞争者取得更多财富的实力，将国家竞争力分解为八个方面，包括企业管理、经济实力、科学技术、国民素质、政府作用、国际化、基础设施和金融环境。WEF主张国家竞争力是一个国家能使经济连续不断飞快发展的能力。在20世纪90年代末，IMD和WEF联合提出了著名的"竞争力方程"：国家竞争力＝竞争力资产×竞争力过程。它们主要研究以国为单位的区域竞争力，各自出版研究成果即《全球竞争力报告》和《世界竞争力年鉴》。随着对国际竞争力的深入研究，一些学术界人士不再满足于研究国家竞争力，研究的方向遍及更多的领域，比如说区域竞争力、产业竞争力、企业竞争力及产品竞争力等。迈克尔·波特通过《竞争战略》《竞争优势》和《国家竞争优势》三部著作创立了竞争优势理论，首次从产业的角度探讨竞争力。他指出，产业竞争力就是某一产业在世界市场上竞争所体现出来的优势，一个国家的产业竞争力大小决定了该国的国家竞争力；而一国的特定产业是否具有国际竞争力取决于要素状况，需求状况，相关产业与辅助产业，企业战略、结构与竞争，机遇及政府，这六大因素构成著名的"钻石模型"。[①] 而在区域的另一个层面，即城

[①] 黄茂兴：《竞争力理论的百年流变及其在当代的拓展研究》，中国社会科学出版社2017年版。

市竞争力研究方面最具影响力的学者是彼得和丹尼斯。彼得于 20 世纪 80 年代开始致力于城市竞争力研究,并于 1990 年相继发表了《城市竞争力:美国》《城市竞争力决定因素:一个评论》《竞争力和城市经济:24 个美国大城市区域》三篇论文,对城市竞争力的一些问题做了开拓性的探索。丹尼斯在 20 世纪 90 年代末开始对大都市地区的国际竞争力进行研究,并相继发表了一些有影响的著作。[①] 从现有的文献可以看到国外关于区域竞争力的研究,大多侧重于国家竞争力、产业竞争力和城市竞争力研究,狭义的区域竞争力研究相对不足,特别是对区域竞争力中某一方面进行的研究。

国内关于竞争力的研究起步较晚,主要是吸收和借鉴国外关于国家竞争力和竞争优势研究的理论成果,从不同的角度针对竞争力展开了一系列的研究。通过对现有文献进行梳理,可把竞争力的研究大致分为三个情况。

第一,综合竞争力评价。李闽榕(2006)利用德尔菲专家调查法对全国省域经济综合竞争力进行评价研究。李军军、周利梅(2008)利用主成分分析和聚类分析相结合的方法对全国 31 个省份综合竞争力进行评价。韩延玲(2012)从资源环境、经济实力、产业市场、对外开放、基础设施、人力资本、科技创新和管理服务八个方面采用基于主成分分析和层次分析法的组合评价法对新疆区域竞争力状况进行研究。范钦钦(2013)利用经济社会发展水平、可持续发展潜力、协调发展 3 个二级指标、8 个三级指标共 29 个具体指标,对我国东部、中部、西部和东北部的区域经济综合竞争力进行定量对比分析,探究区域经济发展趋势及其综合竞争力提升的有效途径。

需注意的问题是,综合竞争力意味着研究的重点放在经济主体各方面竞争能力的整体评价上,这会导致对竞争力的各个侧面分析的深度有限,所选指标很难全面体现综合竞争力,从而提出的政策建议针对性不是很强。

---

① 叶琪:《区域竞争力评价指标体系的国内外研究综述》,《福建师范大学学报》2008 年第 1 期。

第二，对外开放竞争力评价。孙海华（2007）通过分析影响西部对外开放竞争力的四个因素，构建了西部地区对外开放竞争力综合评价体系，从外资、外贸、对外经济合作、旅游开放四个方面对西部各省份对外开放竞争力进行评价，分析了西部地区对外开放竞争力现状及存在的问题。樊尊（2009）利用因子分析法计算出我国29个省份的对外开放竞争力得分，通过对比得出河南对外开放竞争力的地位和排名，分析河南对外开放竞争的优势和劣势。

蒋丽君（2010）运用因子分析的方法对河南的对外开放竞争力进行综合评价。孙慧等（2013）以我国30个省份为研究对象，建立由对外开放竞争力规模、对外开放竞争力引资、地区进出口水平变化、旅游开放水平4个一级指标、共16个具体指标的评价体系，分析得出有8个省份对外开放竞争力综合得分高于全国水平，东部沿海9个省份对外开放竞争力较强的结论。

对外开放竞争力是区域综合竞争力的一个方面，这方面的研究相对于区域综合竞争力研究数量较少，而且研究区域以全国省份为主，关于对外开放竞争力的对比大多限于国内省份比较。

第三，区域对外开放竞争力水平分析。姚慧琴、孙海华（2006）运用主成分分析方法对西部12省份的对外开放竞争力进行评价研究。夏超等（2014）对我国内陆沿边的9个省份建立一个由经济发展水平、对外贸易发展、对外旅游发展3个一级指标和12个二级指标组成的中国内陆沿边省份对外开放竞争力评价指标体系，得出内陆沿边省份对外开放竞争力的得分和排名。刘炳炳（2014）建立由核心竞争力、基础竞争力、环境竞争力3个一级指标、11个二级指标共55个具体指标所构成的向西开放竞争力评价指标体系，运用因子分析法对新疆向西开放竞争力水平进行了实证研究。

综上所述，现有文献集中于区域综合竞争力的研究。在评价指标体系上，众多学者并没有达成共识，根据研究区域的不同或对内涵理解的不同，设计的指标体系、指标的权重各有不同。主要的评价方法有因子分析法、主成分分析法、层次分析法、聚类分析法和模糊评价法。因此，在新丝路建设的背景下，实证测度西北四省对外开放竞争力，分析对外开放竞争力的现状与发展趋势，综合评价其对外开放竞争力水平是十分有意义的。

三 影响对外开放竞争力的因素

影响对外开放竞争力的因素有很多，通过对相关理论、文献的梳理和对统计资料的分析，总结出衡量国家或地区对外开放竞争力的因素通常包括对外贸易、对外经济合作、外资开放及旅游开放四个方面。

（一）对外贸易

和对外开放最相关的就是国际贸易，自古以来，各国之间的相互开放就是通过商品贸易而逐渐形成和发展起来的。如今，各国的对外贸易水平依然是衡量一个国家或地区开放程度的重要标志，这是一种以商品输出为表现形式参与国际竞争和国际分工的能力，在各国的国际收支平衡表中表现为经常项目下的商品贸易。[①] 一个国家的商品出口状况，反映出了它在国际市场上与同类商品的竞争能力，也表明了它对国际经济的参与程度和影响程度。一般来看，一个国家的对外开放水平越高，商品出口规模就越大，出口额在 GDP 中的比重就越高。

改革开放以来，西北地区利用地缘优势，大力发展边境贸易，广泛地与周边国家、边境地区市场以及纵深地区市场建立贸易关系，这些外贸活动越来越成为地区经济的新增长点，使经济活力大幅提升。随着对外开放的深化以及新丝路建设的推进，陆路开放将极大地带动西北四省的经济发展，边境贸易将更加活跃，要素流动将更加便捷，全方位的对外开放格局最终会形成。西北四省应以此为契机，不断优化资源配置效率，努力在区域市场竞争中提高自己的竞争力，实现地区的飞跃发展。

（二）对外经济合作

世界经济交流中，对外开放成了各国的共识，除了商品的流通，劳动力和技术的流通已然成为非常重要的组成部分。各国依照自身比较优势，出现了许多对外承包工程与劳务的经济合作，我国在"引进

---

① 梁留科：《产业互补与合作：核心区发展战略》，科学出版社 2015 年版。

来"与"走出去"相结合的发展战略下,大力发展对外承包工程与劳务输出。西北四省是我国与中亚地区及周边国家经贸往来的主要门户,政治、经济和文化联系历史悠久,区域经济一体化趋势加剧,这将促使经贸合作不断升级。虽然我国与中亚的经济合作起步较晚,发展规模还不算大,但也为地区发展带来了很高的经济效益,相信随着新丝路建设的推进,西北四省与中亚以及丝绸之路经济带上其他国家的经济合作会更加密切。

(三) 外资开放

现代企业的发展出现了一大批跨国公司,具体表现为对外直接投资迅速发展,资本的跨国流动反映出现代经济中生产要素在国家间的转移,使生产过程趋向了国际化。我国的改革开放最早的直接目的就是吸引外资,包括外商直接投资和间接投资,所以引入外资的规模很大程度上体现出对外开放的程度。随着经济规模的增长,对外资本输出同样可以作为衡量参与外部经济的指标,也代表了对外开放程度的加深。

对经济相对落后的西北地区来说,资金匮乏是发展的一大"瓶颈"。改革开放以来,虽然西北地区在利用外资方面取得了一定成绩,但是和其他地区相比,特别是与东部沿海省份的差距十分巨大,引进外资既弥补了经济建设资金的不足,又带来了先进技术设备和现代管理经验,这些都是促进地区经济发展的重要因素,所以需要大力改善投资环境,提供相应政策支持,优化外资利用结构和外资使用效率,从而提高西北地区对外资的吸引力和竞争力。

(四) 旅游开放

世界各主要国家的经济结构大多已经开始向高级化方向转变,即第三产业比重逐渐高于第二产业和第一产业,而旅游业作为第三产业在国际经济合作中的重要代表产业,是各国大力发展的朝阳产业。旅游业具有产业关联度高、效益高的特点,在国民经济增长中具有扩大就业、拉动内需和提高外汇收入的作用。目前,旅游创汇已经成为增加外汇收入的重要途径,而且旅游业具备就地出口、利润空间大、消耗社会商品少等优点。① 西北四省具有丰富而独特的自然、人文旅游资源，但由于地区开放程度普遍不高，国际旅游创汇收入能力比较低，这说明西北四省在旅游创汇方面存在很大的发展空间。旅游业的开发与开放直接影响到了地区在区域经济合作中的竞争力，所以旅游业开放的规模与程度成了衡量地区对外开放竞争力的重要因素。

四 对外开放竞争力评价指标体系设计

对外开放竞争力是区域竞争力的一个方面，一个地区的对外开放程度是其参与国际间和区域间竞争的重要能力，所以对外开放竞争力体现了一国或地区的国际化能力。对外开放竞争力能够衡量一个地区在全球大区域中贸易、资本等方面的市场竞争力，以及在未来开放过程中对贸易、资本的吸引潜力。对外开放竞争力，是一国或地区在国际贸易、国际分工、国际投资和国际旅游等方面的，与其他竞争主体相互比较、竞争过程中，所表现出来的财富获取能力、市场占有能力和参与世界经济的能力，以及在未来时期内体现出来的融入世界经济的潜在发展能力。②

对外开放竞争力的评价主要从现实竞争力和潜在竞争力两个方面来测度。现实竞争力主要指的是当前地区对外开放竞争力的发展状况，选取的是一个时间节点上的指标，着重反映对外开放发展的程度与规模，潜在竞争力则是指未来地区对外开放竞争力的增长潜力，侧重于对外开放竞争力的变化趋势，通常选取时期指标来衡量一段时间内对外开放竞争力的动态变化，反映地区未来的发展后劲。从静态和动态两个角度能够比较全面地评价地区的对外开放竞争力水平，所以对外开放现实竞争力和潜在竞争力综合构成了对外开放竞争力的内涵。

对外开放竞争力是对一个国家和地区在开放程度和开放能力上的综合评价，涉及国际经济交流的方方面面，简单运用一个或几个指标

---

① 王晓鸿、李倩：《甘肃对外开放竞争力分析——基于因子分析法》，《河北地质大学学报》2017 年第 3 期。
② 邵一册：《新疆向西开放竞争力研究》，硕士学位论文，石河子大学，2010 年。

无法全面反映出对外开放竞争力的整体性和综合性。但如果构成指标过于烦琐冗杂，指标体系就不具有针对性和适用性，所以应该在明确对外开放竞争力的内涵后，得出相应的评价指标体系框架。

(一) 对外开放竞争力评价体系指标选取原则

1. 全面性原则

指标选取要尽可能全面反映对外开放竞争力的特点，各指标之间要相互关联，形成有机整体，从不同角度反映对外开放的程度和能力。

2. 代表性原则

对外开放竞争力包含的内容是多方面的，但是并非指标选取得越多越好，过于庞杂的指标体系会带来数据查找上的困难，而指标间的相似性过大也会影响评价的结果。所以应选取具有代表性、典型性的指标，使整体指标简明易用。

3. 可操作性原则

指的是所选指标体系中的数据应易于获取，如果指标的构建太过理论化，导致数据无法全部得到，则影响研究的进展。所以应尽量选取公开发布的权威统计指标和数据。

4. 可比性原则

在指标体系中，同一层次的指标一般尽可能采用相同的计量口径和单位，尽量使用相对值，这样做便于分析和比较。

(二) 指标体系基本框架

对外开放竞争力内涵指的是一国或地区在国际贸易、国际分工、国际投资和国际旅游等方面的，与其他竞争主体相互比较、竞争过程中所表现出来的财富获取能力、市场占有能力和参与世界经济的能力，以及在未来时期内体现出来的融入世界经济的潜在发展能力。所以对外开放竞争力的评价应该是既包含静态的现实竞争力，也包含动态的潜在竞争力，一方面侧重目前的对外开放竞争力排名，表明地区对外开放的现状水平；另一方面侧重对一个时期内对外开放进程或程度的动态变化，体现地区在未来对外开放的潜在能力。

在对外开放竞争力的内涵、评价指标体系指标选取的原则和所需数据获取的难易程度，以及在吸收和借鉴孙海华等学者的竞争力评价研究已有成果的基础上，最终选择由 2 个一级指标、7 个二级指标、27 个具体指标组成的对外开放竞争力评价指标体系（见表 3 - 7）。

表 3 - 7　　　　　　　对外开放竞争力评价指标体系

目标层	一级指标	二级指标	三级指标	单位
对外开放竞争力评价指标体系	对外开放现实竞争力评价指标	外贸竞争力	按经营单位所在地出口总额	万美元
			按经营单位所在地进口总额	万美元
			外商投资企业出口额	万美元
			外商投资企业进口额	万美元
			外贸依存度	%
		外资竞争力	外商投资企业注册资本	万美元
			外商投资企业外方注册资本	万美元
			外商投资企业投资总额	万美元
			外资依存度	%
			外商投资企业数	户
		对外合作竞争力	签订对外承包工程合同金额	万美元
			签订对外承包工程合同数	份
			对外承包工程营业额	万美元
			承包工程年末在外人数	人
			劳务合作年末在外人数	人
		旅游竞争力	国际旅游（外汇）收入	亿美元
			接待入境过夜外国游客人数	万人次
			入境国外游客人均花费额	美元/（人·天）
	对外开放潜在竞争力评价指标	外贸潜在竞争力	出口总额增长率	%
			进口总额增长率	%
			外商投资企业进出口总额增长率	%
		外资潜在竞争力	外商投资企业注册资本增长率	%
			外商投资企业外方注册资本增长率	%
			外资依存度增长率	%

续表

目标层	一级指标	二级指标	三级指标	单位
对外开放竞争力评价指标体系	对外开放潜在竞争力评价指标	旅游潜在竞争力	国际旅游（外汇）收入增长率	%
			接待入境过夜外国游客人数增长率	%
			国际旅游（外汇）收入占GDP比重增长率	%

（三）评价指标构成及指标来源

对外开放竞争力评价指标体系由对外开放现实竞争力和对外开放潜在竞争力构成，其中对外开放现实竞争力又由4个二级指标组成，包括外贸竞争力、外资竞争力、对外合作竞争力和旅游竞争力四个方面。

1. 对外开放现实竞争力指标构成

外贸竞争力包括按经营单位所在地出口总额、按经营单位所在地进口总额、外商投资企业出口额、外商投资企业进口额和外贸依存度。

外资竞争力包括外商投资企业注册资本、外商投资企业外方注册资本、外商投资企业投资总额、外资依存度和外商投资企业数。

对外合作竞争力包括签订对外承包工程合同金额、签订对外承包工程合同数、对外承包工程营业额、承包工程年末在外人数和劳务合作年末在外人数。

旅游竞争力包括国际旅游（外汇）收入、接待入境过夜外国游客人数和入境国外游客人均花费额。

2. 对外开放潜在竞争力指标构成

外贸潜在竞争力包括出口总额增长率、进口总额增长率和外商投资企业进出口总额增长率。

外资潜在竞争力包括外商投资企业注册资本增长率、外商投资企业外方注册资本增长率和外资依存度增长率。

旅游潜在竞争力包括国际旅游（外汇）收入增长率、接待入境过夜外国游客人数增长率和国际旅游（外汇）收入占GDP比重增长率。

3. 各项指标解释

外贸竞争力指标中，按经营单位所在地出口总额和进口总额，指的是所在地区海关注册登记的企业实际出口额与进口额。外商投资企业出口额和进口额，指的是注册登记的外商投资企业的实际出口额与进口额。外贸依存度，是指贸易进出口总额占 GDP 的比重。理论上说，这些指标一方面表现了地区在国际市场上的竞争能力，包括资源的获取和市场的占有能力；另一方面也体现了地区的再生产过程融入国际循环的程度。由此可知，以上指标数值越高，表明该地区的外贸竞争力就越强，开放竞争力也将相应越强。

外资竞争力指标中，外商投资企业注册资本是指登记的外商投资企业整体的注册资本，其中外方出资的部分称为外方注册资本。外商投资企业投资总额是指登记的外商投资企业中总的出资总额。外资依存度是指外商直接投资占 GDP 的比重。外商投资企业数是指年末登记注册的外商投资企业总数。

对外合作竞争力指标中，签订对外承包工程合同金额、合同数，是指地区对外承包劳务企业开展对外承包业务时与外商签订的合同金额及合同数。对外承包工程营业额是指对外承包工程业务实际完成的各项收入之和。承包工程年末在外人数、劳务合作年末在外人数，是指在国外执行承包工程或开展劳务合作的合同人数。随着经济全球化的深入，劳动力和技术的流动成了国际经济合作的重要内容，其地位和作用不断增强。对外经济合作主要包括对外承包工程和劳务合作，而新丝路建设的提出为西北四省对外经济合作提供了新动力。

旅游竞争力指标中，国际旅游（外汇）收入是指地区为入境旅游者提供的商品及各种服务所得到的外汇收入总和。接待入境过夜外国游客人数是指入境地区从事经济、教育、科技和文化等多方面活动的外国人人数。入境国外游客人均花费额是指国外旅游者在国内旅行、游览过程中用于各方面的全部花费。一个地区如果在国际旅游（外汇）收入、接待入境过夜外国游客人数越高，且入境国外游客人均花费越高，那么该地区的旅游业更加具有开放性和竞争力。

潜在竞争力指标中去掉了对外合作部分，是因为西北四省对外开放水平较低，对外合作的劳务输出与承包工程处于初步发展阶段，每年的变化不大而且有些年份数据为零，所以测度其动态变化的意义不是很大。潜在竞争力指标均利用 2012—2016 年的数据，年平均增长率的公式为：

$$年平均增长率 =(\sqrt[4]{x_{2016} \div x_{2012}}-1) \times 100\% \qquad (3-1)$$

4. 指标数据来源

基于科学性和可比性的原则考虑，所需数据需要权威可靠的来源，数据来源如下：各地区历年进出口总额、GDP 和国际旅游（外汇）收入来自《中国统计年鉴》；外商投资企业出口额、外商投资企业进口额、外商投资企业注册资本、外商投资企业外方注册资本、外商投资企业投资总额、外商投资企业数、签订对外承包工程合同金额、签订对外承包工程合同数、对外承包工程营业额、承包工程年末在外人数、劳务合作年末在外人数、接待入境过夜外国游客人数、入境国外游客人均花费额等均来自《中国贸易外经统计年鉴》（2012—2017），其中外贸依存度和外资依存度是根据进出口总额、外商企业投资总额占GDP 的比重计算得出；其他数据来自各省历年统计年鉴。

（四）对外开放竞争力评价方法

1. 数据处理

因为评价指标体系中各个指标的数据量纲不同，为保证数据在分析时不受量纲影响，需要将数据进行标准化，即进行无量纲化处理，采用 SPSS19.0 提供的 Z 标准化方法。

$$Z = \frac{S_{Li} - u}{S} \qquad (3-2)$$

其中，Z 为标准化的数据；x_i 为原始数据，u 为平均数，S 为标准差。经过标准化处理后，原始数据均转换为无量纲化数据。

2. 评价方法的选取

对外开放竞争力的评价属于综合评价的范畴。综合评价是通过一系列指标数据对同一事物多方面的反映，并将评价值综合起来，形成对某一事物的整体评价。综合指数评价法的原理是先将反映事物的各不同量纲、量级的指标数据进行数据无量纲化处理，然后区别各个指标的相对重要性，并采用某种方法赋予一定的权数，最后通过一定的数学模型将多个评价指标值加权计算得到综合评价值。

指标权重选择方式可分为主观选取和客观选取两种。第一种是主观选取，如德尔菲法、问卷调查法和专家打分法等。此种方法的优点是不会缺失重要观点，缺点是它的主观随意性较强。第二种是客观选取，权数的确定完全由统计数据得出。根据所依据的原理不同，客观赋权法可以分为变异系数法、相关系数矩阵法、多元统计分析法和熵值法等。此种方法摆脱了主观性的干扰，每一种客观赋权法都有相应的理论和方法支持，因而具有不同的特点，这里采用的是多元统计分析法。多元统计分析法是处理多变量数据的重要方法，其中用于计算综合指数的方法主要有主成分分析法、因子分析法、回归分析法、聚类分析法等。

对外开放竞争力评价是一种多元分析框架，需要处理的指标较多，增加了分析问题的复杂性，数据之间的相关性也会导致部分数据的信息重叠，为了简化分析过程、优化分析结果，产生了可以用较少的指标代替原始指标，并保留了原始数据的大部分信息的多元统计分析方法。

主成分分析是对数据进行降维的一种方法，将原来多个变量划分为少数几个综合指标的统计分析方法，基本思路是将具有一定相关性的指标集合，重新组合成一组个数少且互不相关的综合指标来代替原指标，这样就出现了几组线性组合的主成分指标，它所代表的信息量用方差来衡量，通常用前几个主成分来反映原始变量的大部分信息。

因子分析法是从研究相关矩阵内部的依赖关系出发，将复杂的变量归纳为几个综合因子。因子分析也常选用主成分分析法来降维，基本思想是按照相关性把变量分组，使不同组别的相关性较低，这样就形成了若干组，每个组代表了一个基本结构，也称为公因子，它表示为对系统的一种重要影响因子，这样简化了数据结构，又能确定评价体系各指标的权重，便于计算出综合评价得分值，减少了分析中数据的复杂性。

3. *评价方法的分析过程*

采用因子分析法和主成分分析法分析和评价对外开放竞争力，在此需要分别介绍分析的一般步骤。

因子分析的一般步骤如下：

（1）对原始的指标数据进行标准化处理，消除数据间量纲的不合理影响；

（2）进行 KMO 检验及计算相关系数矩阵；

（3）确定公因子个数，根据累积方差贡献率≥80%的准则确定因子个数；

（4）进行因子旋转，因子分析模型的目的是得到每个公因子的意义，以便对实际问题进行分析，为了使因子与变量的关系更加明显，一般采用方差最大正交旋转；

（5）计算因子得分，因子分析模型建立后，为了评价每个样本的地位，以选取的公因子为变量，以各因子的方差贡献率为权重，通过各因子的线性组合计算出各因子的得分情况，用加权求和的方法得到各样本的因子综合得分。

主成分分析的一般步骤：

（1）对原始的指标数据进行标准化处理；

（2）计算相关系数矩阵和协方差矩阵；

（3）计算特征值和单位特征向量，以及方差贡献率和累积方差贡献率；

（4）计算主成分得分矩阵；

（5）计算主成分综合得分：以每个主成分的方差贡献率占比作为权重，计算出最终得分。

4. 综合评价

多元统计分析得到的得分并无数值意义，是综合排名的量化。它是通过线性加权求和法，按各目标的重要性赋予相应权重，将多个目标转化为单个目标的评价函数。本书将现实竞争力与潜在竞争力视为同等重要，赋予相同权重，求得西北四省对外开放竞争力综合评价指数。

第三节 西北四省对外开放竞争力测度

利用建立的指标体系，分别从对外开放现实竞争力和潜在竞争力两个层面测算得分并排序,再根据二者得分综合加权得到对外开放竞争力的综合评价指数和排名情况。另外,为了探索西北四省对外开放竞争力在一段时间上的变化情况,对对外开放竞争力进行纵向比较,以期获得提高西北四省对外开放竞争力的对策建议。

考虑到因子分析和主成分分析需要较多样本,将全国31个省份作为样本,建立相应的数据集。其中,现实竞争力选取的指标较多,而且KMO检验表明其适合进行因子分析,但潜在竞争力分析能选用的指标较少,指标都是衡量潜在竞争力的百分化数据,另外主成分分析侧重信息贡献,而因子分析侧重成因清晰性,所以潜在竞争力分析选用主成分分析法较为合适。

一 对外开放现实竞争力测算

(一)对外开放现实竞争力指标选取及计算

1. 数据标准化处理

根据前文阐述的分析步骤,首先收集和整理基础数据进行标准化处理,为了方便指代,分别将18个指标依次用X1至X18来表示(见表3-8)。

表3-8　　　　　　　　对外开放竞争力数据指标

变量	含义	变量	含义
X1	按经营单位所在地出口总额	X10	外商投资企业数
X2	按经营单位所在地进口总额	X11	签订对外承包工程合同金额
X3	外商投资企业出口额	X12	签订对外承包工程合同数
X4	外商投资企业进口额	X13	对外承包工程营业额
X5	外贸依存度	X14	承包工程年末在外人数
X6	外商投资企业注册资本	X15	劳务合作年末在外人数
X7	外商投资企业外方注册资本	X16	国际旅游(外汇)收入
X8	外商投资企业投资总额	X17	接待入境过夜外国游客人数
X9	外资依存度	X18	入境国外游客人均花费额

2. 因子分析可行性判断

因子分析需要进行可行性检验,SPSS给出了KMO和Bartlett检验来判断因子分析法是否适用。从表3-9可以看出，KMO达到0.732，Bartlett值为1293.134，显著性概率为0.000，小于0.01，表明相关矩阵不是一个单位矩阵，适合作因子分析。

表3-9　　　　　　　　**KMO 和 Bartlett 检验结果**

KMO 和 Bartlett 的检验			
取样足够度的 KMO 度量			0.732
Bartlett 的球形度检验近似卡方			1293.134
自由度	153	显著性概率	0

根据SPSS19.0给出的相关系数矩阵可以看出，许多变量存在相关性，可以进行因子分析来提取公因子。表3-10给出了变量共同度，变量共同度是指提取的主成分能够代表各指标所包含的原始信息的程度。提取后，大部分变量的主成分方差在0.8以上，这说明提取的主成分能够较好地反映原始变量所包含的大部分信息，因子分析效果显著，分析结果的可靠性较高。

表3-10　　　　　　　　　　变量共同度

变量	初始	提取
按经营单位所在地出口总额	1	0.921
按经营单位所在地进口总额	1	0.937
外商投资企业出口额	1	0.934
外商投资企业进口额	1	0.945
外贸依存度	1	0.938
外商投资企业注册资本	1	0.982
外商投资企业外方注册资本	1	0.969
外商投资企业投资总额	1	0.953
外资依存度	1	0.836
外商投资企业数	1	0.990
签订对外承包工程合同金额	1	0.758
签订对外承包工程合同数	1	0.681

续表

变量	初始	提取
对外承包工程营业额	1	0.909
承包工程年末在外人数	1	0.950
劳务合作年末在外人数	1	0.682
国际旅游（外汇）收入	1	0.921
接待入境过夜外国游客人数	1	0.948
入境国外游客人均花费额	1	0.837

3. 特征值及其累积方差贡献率

如表3–11所示，前三个公因子的特征值大于1，累积方差贡献率达到89.404%，说明三个公因子涵盖了原来18个变量所包含信息的89.404%，相应地提取出三个公因子，分别命名为Z1、Z2和Z3。

表3–11　　　　各因子的特征值及其累积方差贡献率　　　　单位:%

成分	初始特征值			提取平方和载入			旋转平方和载入		
	特征值	方差的百分比	累积方差贡献率	特征值	方差的百分比	累积方差贡献率	特征值	方差的百分比	累积方差贡献率
21	12.571	69.841	69.841	12.571	69.841	69.841	8.260	45.886	45.886
22	2.236	12.425	82.266	2.236	12.425	82.266	5.792	32.176	78.063
23	1.285	7.138	89.404	1.285	7.138	89.404	2.041	11.342	89.404

4. 因子载荷矩阵

因为各因子的典型代表变量除个别变量外并不突出，很难解释因子所代表的经济意义，所以对因子载荷矩阵进行了方差最大法旋转，以便于解释因子的经济意义。旋转后的因子载荷矩阵如表3–12所示。

由表3–12可以看出：

第一主因子Z1主要由按经营单位所在地出口总额（X1）、按经营单位所在地进口总额（X2）、外商投资企业出口额（X3）、外商投资企业进口额（X4）、外贸依存度（X5）、外商投资企业数（X10）、签订对外承包工程合同金额（X11）、对外承包工程营业额（X13）、国际旅游（外汇）收入（X16）、接待入境过夜外国游客人数（X17）组成，它们在Z1上有较大载荷。其中包括外贸、旅游和对外经济合作中承包工程以及外商投资企业数等方面，它们的线性组合总贡献率达到45.886%，这些指标体现了经济交流方面的依赖程度和开放规模。其中，外贸和旅游的指标权重相对较高，且比较集中，可以命名为外贸和旅游竞争力因子。

表3-12　　　　　　　　旋转后的因子载荷矩阵

指标变量	Z1	Z2	Z3
按经营单位所在地出口总额（X1）	**0.881**	0.293	0.242
按经营单位所在地进口总额（X2）	**0.741**	0.606	0.141
外商投资企业出口额（X3）	**0.877**	0.350	0.206
外商投资企业进口额（X4）	**0.732**	0.617	0.171
外贸依存度（X5）	**0.813**	0.523	0.057
外商投资企业注册资本（X6）	0.646	**0.711**	0.244
外商投资企业外方注册资本（X7）	0.622	**0.713**	0.272
外商投资企业投资总额（X8）	0.631	**0.677**	0.312
外资依存度（X9）	0.175	**0.896**	-0.054
外商投资企业数（X10）	**0.840**	0.513	0.148
签订对外承包工程合同金额（X11）	**0.761**	0.216	0.365
签订对外承包工程合同数（X12）	0.231	**0.785**	0.105
对外承包工程营业额（X13）	**0.811**	0.203	0.458
承包工程年末在外人数（X14）	0.085	0.282	**0.929**
劳务合作年末在外人数（X15）	0.571	-0.046	**0.595**
国际旅游（外汇）收入（X16）	**0.915**	0.289	-0.026
接待入境过夜外国游客人数（X17）	**0.965**	0.082	-0.101
入境国外游客人均花费额（X18）	-0.034	**0.873**	0.273

注：黑体表示该指标在相应因子上有较大载荷。

第二主因子Z2主要由外商投资企业注册资本（X6）、外商投资企业外方注册资本（X7）、外商投资企业投资总额（X8）、外资依存度（X9）、签订对外承包工程合同数（X12）、入境国外游客人均花费额（X18）组成，这些指标线性组合的总贡献率占到32.176%，主要反映出地区在对外开放过程中对外部资金的吸引力，外资对于经济发展至关重要，所以将其命名为外资竞争力因子。

第三主因子 Z3 主要由承包工程年末在外人数（X14）、劳务合作年末在外人数（X15）组成，其贡献率只有11.342%，西北四省在对外劳务输出与合作方面尚处于起步阶段，该因子对对外开放现实竞争力的解释力不高，这两个指标反映出地区对外参与经济合作在劳务输出方面的能力，可以命名为劳务输出竞争力因子。

5. 对外开放现实竞争力影响因素

为了深入分析各指标对对外开放现实竞争力的影响及权重，更直观地观测各指标的贡献，根据因子载荷矩阵汇总出指标因子体系（见表3-13）。

表3-13　　　　　　　　　指标因子体系

	公因子	因子权重	指标名称	载荷系数
对外开放现实竞争力	外贸和旅游竞争力因子	0.45886	接待入境过夜外国游客人数（X17）	**0.965**
			国际旅游（外汇）收入（X16）	**0.915**
			按经营单位所在地出口总额（X1）	**0.881**
			外商投资企业出口额（X3）	**0.877**
			外商投资企业数（X10）	0.840
			外贸依存度（X5）	0.813
			签订对外承包工程合同金额（X11）	0.761
			按经营单位所在地进口总额（X2）	0.741
			外商投资企业进口额（X4）	0.732
	外资竞争力因子	0.32176	外资依存度（X9）	**0.896**
			入境国外游客人均花费额（X18）	**0.873**
			对外承包工程营业额（X13）	0.811
			签订对外承包工程合同数（X12）	0.785
			外商投资企业注册资本（X6）	0.711
			外商投资企业外方注册资本（X7）	0.713
			外商投资企业投资总额（X8）	0.677

续表

公因子		因子权重	指标名称	载荷系数
对外开放现实竞争力	劳务输出竞争力因子	0.11342	承包工程年末在外人数（X14）	**0.929**
			劳务合作年末在外人数（X15）	0.595

注：黑体表示该指标在相应因子上有较大载荷。

从表 3-13 可以看出，对外开放现实竞争力主要被解释为三个公因子，因子权重从高到低依次是外贸和旅游竞争力因子、外资竞争力因子和劳务输出竞争力因子。在外贸和旅游竞争力因子中，接待入境过夜外国游客人数（X17）的载荷系数最高，达到 0.965，表明外国游客人数的规模对现实竞争力的影响最大，其次是国际旅游（外汇）收入（X16），载荷系数也达到 0.9 以上，按经营单位所在地出口总额（X1）和外商投资企业出口额（X3）的载荷系数也均在 0.85 以上。

外贸是对外开放的基础，是各国对外经济关系的核心，其中出口水平又是衡量外贸竞争力的关键，贸易顺差表示在国际贸易中处于有利地位，外汇收入不断增加。国际旅游在西北四省对外开放现实竞争力中的贡献较大，这可能是因为：一方面，整体的外贸和外资以及对外合作规模有限，相对地突出了国际旅游指标的作用；另一方面，西北四省拥有较丰富的旅游资源，发展潜力巨大。此外，在外贸和旅游竞争力因子中还包含了原指标体系中外资竞争力和对外合作竞争力的部分指标，签订对外承包工程合同金额（X11）和外商投资企业数（X10）这两个指标的载荷系数不及出口和旅游指标，并且指标不够集中，所以只作为外贸和旅游竞争力因子的一个方面。外商投资企业进口额（X4）和按经营单位所在地进口总额（X2）的载荷系数最低，只有 0.73 和 0.74，说明相比于外贸和旅游竞争力因子中的其他指标，进口额对对外开放现实竞争力的影响较弱，贸易主要以初级加工和劳动密集型产品为主，且出口在贸易中占绝对地位。

外资竞争力因子中，外资依存度（X9）和入境国外游客人均花费额（X18）的载荷系数接近 0.9，对对外开放现实竞争力的贡献最大，外资依存度反映的是外商直接投资占 GDP 的比重，外商直接投资规模的扩大，带来了外部资金支持和先进生产技术，同时外商投资企业出口倾斜向高，又会进一步拉动外资流入地的贸易水平，这会有效地增强对外开放现实竞争力；入境国外游客人均花费额反映出旅游产品对境外游客消费的吸引力，旅游业的开放能够吸收国际闲置资金，也侧面体现了地区对于资金的吸收能力。其余指标大致反映出外商投资金额的规模，这与原指标体系的假设基本一致，代表了外资对对外开放现实竞争力的贡献度。其中对外承包工程营业额（X13）和签订对外承包工程合同数（X12）在原指标体系中属于对外合作竞争力的范畴，在因子旋转后归并到了外资竞争力因子，这是因为对外承包工程营业额虽然是衡量对外合作规模的指标，但营业额在一定程度上是资本的表现形式，代表了实际从外国赚取的资本量。

劳务输出竞争力因子只包括承包工程年末在外人数（X14）、劳务合作年末在外人数（X15）两个指标，它们是衡量国际经济合作的重要指标，反映地区对外劳务输出的能力，即在国外从事项目或合同期限工作的工人数量。其中，承包工程年末在外人数的载荷系数达 0.929，而劳务合作年末在外人数的载荷系数为 0.595，说明承包工程对西北四省对外开放现实竞争力的影响大，原因可能是对外合作在西北四省尚处于发展初期，并且整体上民营企业"走出去"能力偏弱，人力和技术上并无竞争优势。目前，主要是以国企、央企为主体的对外劳务合作，其特征是承包工程数量多于劳务合作数量，从而导致承包工程输出劳务人数对对外开放现实竞争力影响较为明显。

6. 对外开放现实竞争力得分

根据方差旋转后的因子模型可知，对外开放现实竞争力主要受三个方面的因素影响，以各个因子的贡献率在累积贡献率中所占的比例为权重计算中国分地区对外开放现实竞争力的因子得分值，进而对各地区进行综合排序，结果见表 3-14。

$Z = 0.45886 \times Z1 + 0.32176 \times Z2 + 0.11342 \times Z3$

表 3-14　中国分地区对外开放现实竞争力水平得分及排名

地区	Z1	排名	Z2	排名	Z3	排名	Z综合	排名
甘肃	**0.743**	**24**	**0.299**	**30**	**0.326**	**24**	**0.84**	**28**
青海	**0.655**	**26**	**0.362**	**29**	**0.185**	**29**	**0.438**	**30**
宁夏	**0.697**	**25**	**0.450**	**27**	**0.208**	**28**	**0.478**	**29**
新疆	**0.803**	**17**	**0.475**	**24**	**0.335**	**23**	**0.559**	**25**
内蒙古	0.811	16	0.777	10	0.228	27	0.648	21
北京	1.361	5	3.072	2	0.757	18	1.699	4
天津	1.361	6	1.730	5	1.220	10	1.319	6
河北	0.836	14	0.511	23	0.876	13	0.647	22
山西	0.524	28	0.707	19	0.763	17	0.554	26
辽宁	0.763	23	1.342	7	1.033	12	0.899	10
吉林	0.766	22	0.460	26	0.680	20	0.576	24
黑龙江	0.513	29	0.624	17	1.359	7	0.590	23
上海	1.277	7	5.039	1	1.623	6	2.391	2
江苏	1.614	2	2.427	3	3.531	2	1.922	3
浙江	0.874	11	1.892	4	2.287	4	1.269	7
安徽	0.791	19	0.612	18	1.171	11	0.693	15
福建	1.459	3	1.009	9	0.535	21	1.054	8
江西	0.870	12	0.549	21	0.851	16	0.673	17
山东	1.374	4	0.774	11	4.200	1	1.356	5
河南	1.016	8	0.544	22	2.615	3	0.938	9
湖北	0.918	10	0.428	28	1.917	5	0.776	12
湖南	0.777	20	0.469	25	1.341	8	0.659	19
广东	6.171	1	0.602	13	0.737	19	3.109	1
广西	0.851	13	0.728	12	0.282	25	0.657	20
海南	0.475	30	1.653	6	-0.248	31	0.722	13
重庆	0.773	21	1.051	8	0.230	26	0.719	14
四川	0.995	9	0.576	20	1.247	9	0.783	11
贵州	0.585	27	0.634	16	0.446	22	0.523	27
云南	0.791	18	0.641	15	0.860	14	0.667	18
西藏	0.371	31	0.014	31	0.035	30	0.179	31
陕西	0.828	15	0.650	14	0.853	15	0.686	16

注：黑体代表西北四省的得分及排名。

(二) 对外开放现实竞争力的结果分析

1. 总得分

从表3-14排名可以看出，新疆、青海、甘肃和宁夏对于外资的吸引力较其他地区水平低，外商直接投资规模较小。

新疆的综合得分排名第25，新疆的劳务输出竞争力在西北四省中排名第1。新疆位于新丝路沿线国内段的前沿、中国向西开放的核心地区，已经成为中国内陆对外开放格局中重要的门户和窗口，同中亚地区开展了很多经济合作项目和工程。Z1排名上，新疆位列全国第17，新疆同中亚地区的贸易额，一直都占中国对中亚五国进出口总额的半数以上。

甘肃的综合得分排名第28，对外开放现实竞争力较弱。甘肃的劳务输出因子得分次于新疆，显著高于青海和宁夏。甘肃外资竞争力因子Z2得分排名在西北四省中倒数第1，明显拉低了甘肃对外开放现实竞争力的整体水平，吸引并利用外资的规模远远落后于其他地区，是外资吸引能力较差的省份，投资环境亟须改善。

宁夏和青海的综合得分排名第29、第30，对外开放现实竞争力水平同甘肃相近，都较为落后。两省区的各个因子排名都靠后，对外开放现实竞争力整体较弱。宁夏和青海的经济总量不大，发展起步也比较晚，各项指标规模都很小，加之对外开放程度不高，所以对外开放现实竞争力相对于全国其他地区来说是非常弱的，差距十分明显。

2. 各因子得分

(1) 新疆。新疆的外贸依存度是最高的，这与新疆特殊的区位优势是分不开的，新疆与多国接壤，发展外贸具有得天独厚的条件。但是新疆内部经济发展不均衡，加上其他一些不利因素导致新疆的外资吸引和利用能力还相对不足。新疆的劳务输出竞争力在西北四省中排名第1，表明在对外经济合作方面新疆相对处于较高的发展水平，突出表现在新疆对外承包工程方面，如新疆利用建设喀什、霍尔果斯口岸不断吸引国内外企业和资金，近年来对外经济合作项目和金额都有较大幅度的提高。

（2）甘肃。甘肃的外资竞争力因子排名靠后，综合得分排名西北四省的第2。甘肃境内旅游资源丰富，拥有如莫高窟、嘉峪关、麦积山、崆峒山等诸多知名景区，加上近几年甘肃打造精品旅游项目，使旅游成为甘肃经济发展的新引擎和一张吸引外资的名片。旅游开放程度的提高对于提升对外开放现实竞争力有着积极的促进作用，旅游是最具潜力的产业，它所带动的就业和消费是传统产业无法比拟的。此外，甘肃的对劳务输出竞争力因子得分在西北四省中排名靠前，排在第1位，对外承包工程和劳务合作人数居于前列，其中，劳务合作年末在外人数最高。甘肃外资竞争力因子得分最低，这与甘肃的区位和地理环境有关，甘肃处在狭长的河西走廊，荒漠和戈壁面积广，生态环境比较脆弱，除矿藏丰富外，农林牧畜和传统工业都在国际或区际贸易中缺乏竞争优势；自然条件、市场成熟度和基础设施的不足，制约了外商企业投资。

（3）宁夏。宁夏的综合得分总体排名靠后，在西北四省中列第3位。宁夏的地理位置既不沿边，也不沿海，在一定程度上限制了其对外开放的进程，但是宁夏通过中阿经济合作找到了新的开放途径，对外贸易规模持续增长。除此之外，宁夏区域面积不大，但旅游资源相对丰富，对于资源相对缺乏的宁夏，旅游开放是提升对外开放现实竞争力的重要途径。宁夏依靠中阿博览会这个平台，增强了宁夏与伊斯兰国家和地区在文化旅游、科技教育、经贸投资和金融服务等领域的合作，具有很大的增长潜力。

（4）青海。青海除了外资竞争力因子在西北四省中排名第3，其他因子得分和综合得分均为第4位。青海是一个资源型省份，但是缺乏足够资金和技术支撑，资源优势未能转化成经济优势，青海的GDP水平一直不高。青海近年来提高了招商引资的力度，并给予大量政策拓宽利用外资渠道，使外资竞争力有所提高，外商投资增长率逐年增高。此外，由于青海的生态环境脆弱，在国家大力提倡绿色GDP的背景下，保护显然比发展更重要，降低资源消耗，提高服务业的发展力度，是青海增强对外开放现实竞争力的重要出路。

3. 西北四省与全国对比

西北四省因为地处我国西北内陆，对外开放的进展缓慢，同时经济基础差、产业结构不合理也严重影响了其参与区域经济合作的能力。新疆依托自身沿边的区位优势，同中亚地区和蒙古国、俄罗斯加强经贸合作，边境口岸贸易发展规模较高，另外三个省区则同全国其他省份的差距较大，整体排名靠后。此外，各因子得分协调性不强，每个省份都有自身短板，说明新丝路沿线西北四省还需进一步提高对外开放的规模和水平，利用国家推出的一系列政策措施，加大基础设施建设和资金扶持力度，提高对外经济合作的规模、外贸水平和外资吸引力，大力发展开放型经济，促进内陆开放，从而提升对外开放现实竞争能力。

二 对外开放潜在竞争力分析

（一）对外开放潜在竞争力指标选取及计算

1. 数据标准化

收集并整理对外开放潜在竞争力相关数据，进行无量纲化处理。选取的指标均以年平均增长率计算对外开放潜在竞争力，具体指标如表3-15所示。

表3-15　　　　　　　　对外开放潜在竞争力指标

变量	指标	变量	指标
X1	出口总额增长率	X6	外资依存度增长率
X2	进口总额增长率	X7	国际旅游（外汇）收入增长率
X3	外商投资企业进出口总额增长率	X8	接待入境过夜外国游客人数增长率
X4	外商投资企业注册资本增长率	X9	国际旅游（外汇）收入占GDP比重增长率
X5	外商投资企业外方注册资本增长率	—	—

2. 特征值和累积方差贡献率

从表3-16中可以得出，前3个成分的特征值大于1，对应的累积方差贡献率为77.426%，因此提取前3个主成分即可。

表 3 – 16　　　　　　　　特征值及总方差分解

序号	初始特征值			提取平方和载入		
	特征值	方差贡献率（%）	累积方差贡献率（%）	特征值	方差贡献率（%）	累积方差贡献率（%）
1	3.765	41.838	41.838	3.765	41.838	41.838
2	1.864	20.709	62.547	1.864	20.709	62.547
3	1.339	14.879	77.426	1.339	14.879	77.426

3. 成分矩阵

从表 3 – 17 主成分分析的成分矩阵得到各主成分对于原始指标的载荷状况。

表 3 – 17　　　　　　　　　　成分矩阵

变量	F1	F2	F3
出口总额增长率	0.027	0.430	**0.777**
进口总额增长率	0.348	0.165	**0.549**
外商投资企业进出口总额增长率	0.061	0.143	**0.863**
外商投资企业注册资本增长率	0.663	**0.687**	-0.107
外商投资企业外方注册资本增长率	-0.582	**0.564**	0.155
外资依存度增长率	-0.455	**0.775**	0.427
国际旅游（外汇）收入增长率	**0.880**	0.444	-0.011
接待入境过夜外国游客人数增长率	**0.833**	0.406	-0.158
国际旅游（外汇）收入占 GDP 比重增长率	**0.832**	0.502	0.032

注：黑体表示该指标在相应因子上有较大载荷。

第一主成分 F1 中，国际旅游（外汇）收入增长率、接待入境过夜外国游客人数增长率和国际旅游（外汇）收入占 GDP 比重增长率与主成分 F1 的相关性最高，而其余指标的影响相对较弱，这充分说明旅游开放相关指标对潜在竞争力的影响最大，反映出可以通过增加旅游开放度迅速提升对外开放竞争力，尤其是国际旅游（外汇）收入增长率的影响最为明显。

第二主成分 F2 中占比较大的是外商投资企业注册资本增长率、外商投资企业外方注册资本增长率和外资依存度增长率，这些指标体现了外商投资规模的增长速度，反映出一个地区外资开放水平的发展潜力。其中外商投资企业注册资本增长率和外资依存度增长率与主成分 F2 的相关性较高，只有外商投资企业外方注册资本增长率的载荷系数较低，该指标代表外商对企业注册资本的投入。因为跨国投资存在一定的债务风险和机会成本，往往国外投资者都倾向将投资比例控制在法律规定的限额内，所以导致外商投资企业外方注册资本增长率对主成分 F2 的影响不及另外两个指标。

第三主成分 F3 主要由出口总额增长率、进口总额增长率和外商投资企业进出口总额增长率决定，这 3 个指标主要体现了对外贸易的规模增长潜力。其中进口总额增长率的占比最低，表明进口总额增长率对主成分 F3 作用相对较弱，并且主成分 F3 对总体的贡献率只有 14.8%，反映出旅游开放和外资开放对潜在竞争力的影响明显大于外贸开放。可能的原因是外贸的增长受原有规模的影响很大，外贸作为对外开放的基础，主要表现为基数大而增长率低，因此外贸水平的发展潜力对提升对外开放潜在竞争力作用不明显。

4. 主成分得分

SPSS 中只能给出因子得分系数矩阵，但是因子得分系数矩阵不是基于主成分分析法的，而是基于因子分析法的，故主成分分析中需要单独计算主成分得分系数矩阵，常用的做法是利用成分矩阵与对应主成分特征根计算，各主成分计算公式如下：

$F1 = 0.02 \times X1 + 0.18 \times X2 + 0.03 \times X3 + 0.34 \times X4 - 0.3 \times X5 - 0.24 \times X6 + 0.45 \times X7 + 0.43 \times X8 + 0.43 \times X9$

$F2 = 0.31 \times X1 + 0.12 \times X2 - 0.1 \times X3 + 0.51 \times X4 + 0.41 \times X5 + 0.57 \times X6 + 0.32 \times X7 + 0.3 \times X8 + 0.37 \times X9$

$F3 = 0.67 \times X1 + 0.48 \times X2 + 0.74 \times X3 - 0.1 \times X4 + 0.14 \times X5 + 0.37 \times X6 - 0.01 \times X7 - 0.14 \times X8 + 0.03 \times X9$

通过上述公式可以算出 3 个主成分的值，进而以各主成分的贡献率在累积贡献率中所占的比例为权重，计算各省（区）对外开放潜在竞争力的主成分综合得分值，并进行综合排序。

主成分综合得分公式如下：

$F = 0.4184 \times F1 + 0.2071 \times F2 + 0.1488 \times F3$

由此公式可以计算对外开放潜在竞争力的主成分综合得分，按照得分进行排序，结果如表 3-18 所示。

表 3-18　各地区对外开放潜在竞争力主成分综合得分及排名

地区	F1	F2	F3	F	排名
甘肃	2.14	0.01	0.74	1.008	30
青海	3.43	5.15	1.60	2.740	4
宁夏	7.7	-3.76	0.97	2.587	10
新疆	2.33	1.68	1.44	1.537	25
内蒙古	3.54	3.09	2.79	2.536	13
北京	2.07	4.85	3.24	2.353	18
天津	3.56	4.04	2.63	2.718	8
河北	2.11	2.70	2.83	1.863	24
山西	0.58	0.84	4.94	1.152	28
辽宁	1.48	0.75	2.64	1.167	27
吉林	3.69	1.70	2.03	2.198	22
黑龙江	0.98	-0.32	1.24	0.528	31
上海	3.06	3.30	3.07	2.421	17
江苏	1.26	0.46	2.76	1.033	29
浙江	1.49	1.21	2.78	1.288	26
安徽	3.54	3.22	3.8	2.713	9
福建	3.74	2.83	2.59	2.536	12
江西	3.33	2.32	3.11	2.337	19
山东	2.38	2.28	2.88	1.897	23

续表

地区	F1	F2	F3	F	排序
河南	2.63	3.39	4.63	2.491	15
湖北	3.66	3.42	3.22	2.719	7
湖南	3.02	2.42	3.33	2.260	20
广东	3.05	2.70	2.73	2.242	21
广西	4.24	2.97	3.93	2.974	2
海南	1.93	6.30	2.89	2.542	11
重庆	3.27	2.83	3.84	2.526	14
四川	4.26	2.86	2.44	2.738	5
贵州	2.79	5.50	3.83	2.876	3
云南	3.77	2.42	2.43	2.440	16
西藏	4.23	4.09	0.81	2.737	6
陕西	3.75	4.23	6.79	3.455	1

注：黑体代表西北四省的得分及排名。

（二）对外开放潜在竞争力的结果分析

对外开放潜在竞争力指标衡量的是各地区未来对外开放发展的潜力和提升对外开放水平的能力，反映的是一种发展轨迹或趋势。根据表3－18给出的各地区对外开放潜在竞争力主成分综合得分及排名，F1的贡献率最高，说明在对外开放过程中，以旅游为代表的新兴服务业在国际经济交流和竞争中的地位不断上升，外贸发展规模滞后，外资吸引能力不突出，提升对外开放潜在竞争力就应该发挥旅游开放的潜力，逐步形成以旅游开放为突破点，带动外资和外贸规模稳步增长，相互促进、良性互动的全新对外开放发展格局。

1. 宁夏旅游潜在竞争力较强

主成分F1得分中，宁夏远远高于其他省份，并在31个省份中排名第1，青海得分排名处在中游，甘肃和新疆排名比较靠后。宁夏近年来出台多项政策措施加快推进旅游发展，例如"引客入宁"旅游优惠政策和乡村旅游推广政策等，通过对来宁夏的游客给予交通费、门票和餐饮等方面的优惠,提升宁夏旅游知名度和影响力;宁夏还通过对乡村特色小镇、农业庄园的开发给予资金支持和推广宣传,吸引了众多国内外游客,这些举措有力地提高了宁夏国际旅游的发展速度。甘肃近五年的国际旅游(外汇)收入、入境外国游客增幅不大,国际旅游发展遇到了"瓶颈",与宁夏形成鲜明对比。

2. 青海外资潜在竞争力较为突出

主成分 F2 得分中,青海得分为正且在全国排名靠前,对外资的吸引潜力大,外商投资增速明显,这与青海的政策扶持是分不开的。青海贯彻落实国务院扩大对外开放积极利用外资若干措施,推进外商投资便利化改革,拓宽利用外资渠道,完善和引导外资投向。这些政策使青海的对外开放优先向外资倾斜。

3. 西北四省外贸潜在竞争力整体趋弱

主成分 F3 得分中,青海增幅相对较高。青海的外贸规模并不高,相对于新疆还有很大差距,但是主成分 F3 得分在西北四省中排名第1,反映出青海依靠外资的带动,对外贸易总量迅速增长,尤其是出口总额年均增幅接近 10%,外商投资企业给青海的对外贸易增长提供了较大动力。

4. 青海、宁夏对外开放潜在竞争力高于全国平均水平

从主成分综合得分排名来看,西北四省中,青海、宁夏的排名均在 15 名之前,表明对外开放潜在竞争力的增长高于全国整体平均水平,得分越高,潜在竞争力越大,对外开放进一步发展的能力越强。甘肃和新疆排名靠后,对外开放潜在竞争力一般,在西北四省中处于低水平。其中,甘肃得分最低,与其他省份差距较大,反映出甘肃对外开放竞争力增长缓慢,在国际旅游、吸引外资和对外贸易方面发展速度较为落后。

综合以上分析,可以将西北四省的对外开放潜在竞争力水平分为两个梯队。其中,青海、宁夏属于对外开放潜在竞争力较强的梯队,新疆、甘肃属于对外开放潜在竞争力较弱的梯队,总体上只有青海增长势头较为突出。

第四节　西北四省对外开放竞争力评价

利用得出的对外开放现实竞争力和潜在竞争力得分，可以计算出对外开放竞争力综合评估指数。从潜在竞争力水平得分可以看到有些省份出现负值，但由于它是表示对外开放竞争力动态变化的指标，为了便于理解和比较，将其正向化处理并与现实竞争力水平进行综合评价，得到对外开放竞争力综合得分及排名，结果如表 3-19 所示。

表 3-19　　　　西北四省对外开放竞争力综合得分及排名

地区	现实竞争力	排名	潜在竞争力	排名	综合得分	排名
青海	0.438	5 (30)	2.740	1 (4)	1.589	2 (17)
宁夏	0.478	4 (29)	2.587	2 (10)	1.533	3 (19)
新疆	0.559	2 (25)	1.537	4 (25)	1.048	4 (27)
甘肃	0.484	3 (28)	1.008	5 (30)	0.746	5 (30)

注：括号中数字为在 31 个省份中的排名。

一　综合竞争力结果分析

（一）青海综合排名第一，对外开放现实竞争力排在最后，对外开放潜在竞争力排名靠前

西北四省中，青海目前的经济水平最低，开放型经济发展程度并不高，但是青海对外开放潜在竞争力较强，青海应该从提升对外开放发展潜力入手，继续保持较强的发展潜力，积极融入"新丝路经济带"的建设，在一定时期内快速提高对外开放竞争力水平，发展更高层次的开放型经济。

（二）宁夏综合排名第二，对外开放潜在竞争力较强

宁夏的地理区位相对特殊，没有条件发展边境贸易和口岸贸易，也没有青海和甘肃的资源丰富，但宁夏距离中部、东部近，吸引外资、发展外贸和旅游有着明显的优势，逐渐形成了自身独特的对外开

放渠道,中阿博览会的成功举办和综合保税区的建立带来新的发展机遇,对外开放潜在竞争力优势显著,发展势头强劲。

(三) 新疆综合排名第三,对外开放潜在竞争力排名靠后

新疆与多个中亚国家接壤,外贸发展基础好,规模大,是新丝路重要的节点。新疆的外资和旅游发展依赖政策环境,这与新疆复杂的民族、宗教、边境等问题休戚相关;此外,新疆有着独特的自然环境和人文景观,资源也比较丰裕,可利用外贸开放方面的优势提升新疆对外开放综合竞争力。

(四) 甘肃各项排名都比较靠后,对外开放竞争力趋弱

甘肃经济发展水平较为薄弱,并且在对外开放过程中,同周边省份存在一定的竞争性,表现为进出口主要贸易对象、渠道及产品结构等方面存在重叠和相似,由于甘肃对外开放进程缓慢、低效,对外开放现实竞争力和潜在竞争力还有较大的提升空间。

二 对外开放综合竞争力纵向比较

为了观察西北四省对外开放竞争力在时间上的变化,利用2011—2016年31个省份的18个指标数据进行因子综合得分的计算并排序,给出其得分和排名情况。根据测算结果可知:2011—2016年,新疆对外开放现实竞争力稳步提高,而宁夏、甘肃和青海的对外开放现实竞争力出现一定程度下降,其中青海的下降幅度是比较大的,青海对外开放现实竞争力受外部影响较大。

西北四省对外开放现实竞争力不高的原因可能是,2015年国际市场不景气、世界贸易下滑,我国出口贸易总体下降2.5%,其中西部地区下降11.5%,外资企业出口下降6.5%。另外,还可能受政策性因素影响,因为2015年是"十三五"的开局之年,2015年陆续出台了一系列深化改革的政策措施,大部分省份都陆续制定并出台了相关规划和实施方案。需要强调的是,对外开放现实竞争力因子得分的下降,并不全部是绝对量的下降,而是存在相对于其他省份而言的相对性下降,可视为相对于其他省份,对外开放现实竞争力增长速度上的落后。随着新丝路建设的陆续推进,西北四省可利用政策带来的契机,抓住机遇提升对外开放竞争力水平,依靠外贸、外资、对外经济

合作和旅游等方面的开放，实现经济的快速发展。

根据上述分析可以发现，西北四省对外开放竞争力水平并不均衡，各省区之间差距大。第一，影响对外开放竞争力的主要因素是外贸和旅游竞争力因子、外资竞争力因子和劳务输出竞争力因子。目前，西北四省对外开放竞争力水平并不算强，在全国31个省（自治区、直辖市）中排名靠后。第二，西北四省在对外贸易、外资、旅游开放和对外经济合作等方面表现出对外开放竞争力水平内部的不均衡，或多或少存在短板。第三，从西北四省对外开放现实竞争力近年来变化趋势来看，西北四省2015年后均出现一定幅度的下降，受外部经济环境影响较大，需大力提高对外开放竞争力水平，以应对经济波动的不利影响。

三 西北四省协同发展提升对外开放竞争力

（一）协同发展提升现实竞争力

1. 着力发展口岸贸易，扩大进出口规模

西北四省位于我国大陆的内部，也处于我国地理上的第一级和第二级阶梯，交通费用成为区域间贸易的一大阻碍。加快交通、物流等方面的基础设施建设，大力发展口岸贸易，能够降低交易成本，提高在国际市场上的竞争力，在更大程度上参与区域间外贸的流动，不断扩大进出口份额。内陆口岸作为沿海、沿边口岸的延伸，凭借其独特的优势在对外贸易发展中发挥越来越重要的作用，特别是在新丝路建设中，铁路口岸地位十分突出。依赖铁路向中亚、西亚以及欧洲运输货物，将极大地提高进出口贸易便利化的程度，有利于争取更多的国际市场，有效地扩大进出口总额，从而提升对外开放现实竞争力。此外，还需提供相应的免税政策、通关政策，扶持边境口岸市场的建设，完善交通干线、航空线，发挥大陆桥头堡作用，使之成为沟通中亚和欧洲的重要纽带。

2. 协同发展国际旅游，扩大国外游客人数

首先，西北四省在国际旅游发展方面尚处于起步阶段，更需要发挥出政策的导向作用，通过制定宏观指导规划和发展布局，完善相关法规并加大监管力度，改善旅游环境，丰富旅游项目和突出特色，提

高对外国游客的吸引力和知名度。其次，旅游业的发展离不开宣传，西北四省有着独特而丰富的旅游资源，文化旅游、边境旅游都是非常具有特色和竞争力的旅游产品，但想要拓展国际市场，就需要各级政府和企业共同做好市场开拓的工作，加强与境外旅行社的合作，拓展新兴国际市场，不断提高入境旅客的数量。最后，还应该加大旅游衍生产业的扶持力度，优化和完善餐饮、住宿、购物等方面的服务，提高旅游外汇收入。

3. 协同外资引入渠道，提升利用外资规模

经济建设需要大量资金，用于基础设施建设和投资企业，所以必须利用政策拓宽渠道，鼓励招商引资项目，给予外商在土地、税收方面的优惠，创造良好的投资环境，健全和完善相关规章制度，缩短审批流程，保护投资者的权益。首先，大力建设具有示范引领作用的国际合作园区，给予政策和税收方面的倾斜。在新丝路建设背景下，通过有针对性的招商政策，吸引中亚等国家地区的企业落户园区，并利用外商企业先进的生产技术和管理人才带动产业升级，延伸产业链，逐渐形成集聚效应，提高外资吸引力。其次，鼓励外资并购投资。鼓励外资以参股、并购等方式参与企业改组改造和兼并重组，拓宽外商投资企业境内融资渠道，允许符合条件的外国自然人投资者依法投资境内上市公司，更好地发挥利用外资在推动科技创新、产业升级等方面的积极作用，提高利用外资的质量和水平。

4. 协同引进人才和技术，推动对外经济合作

对外开放离不开"引进来"和"走出去"，过度依赖外资来发展经济是不可持续的，需要两者并重发展，西北四省需要在继续推进招商引资工作的基础上，着重提高自身的"走出去"能力。"走出去"意味着更高层次的对外开放，需要技术和人才的支撑，当前全国重要城市和省份都在大力吸收高素质人才，所以要利用资金和政策留住优秀的技术人才和管理人才，增强对外经济合作的竞争力。此外，政府要鼓励和支持优秀企业开展对外业务，重点扶持有实力的企业开展国际化经营，提高参与对外经济合作企业的数量和规模，促进对外承包工程与劳务合作项目的发展。

(二) 协同发展提升潜在竞争力

1. 推动旅游产业特色化与精品化

潜在竞争力的提升主要依靠旅游业的发展与开放，而提升旅游竞争力应该推动旅游产业的特色化与精品化，充分利用特色资源优势，把旅游业的创新发展作为提升竞争力的突破口。依托相邻重点城市、民族与文化资源、重要边境口岸与对外贸易通道，培育发展一批特色小镇，如旅游休闲型、健康疗养型、文化民俗型、边境口岸型等特色小镇；大力促进旅游与文化融合发展。推动体验旅游、研学旅行和传统村落休闲旅游，打造具有民族特色的传统节庆旅游品牌，推动"多彩民族"文化旅游示范区建设，推动观光旅游产品精品化发展。坚持个性化、特色化、市场化发展方向，依托跨区域的自然山水和完整的地域文化单元，培育一批跨区域特色旅游功能区，构建特色鲜明、品牌突出的区域旅游业发展增长极，如祁连山生态文化旅游区的成功建设。加强对外宣传合作，健全地方政府与企业间联动的旅游宣传推广体系，发挥专业机构市场推广优势。实施入境旅游品牌战略，推出一批入境旅游品牌和线路，打造丝绸之路旅游带。

2. 改善营商环境，减少外资准入限制

利用外商投资是西北四省对外开放战略的重要组成部分，在新常态下，需要进一步提升外商投资环境法治化、国际化、便利化水平，促进外资增长，提高利用外资质量。为了持续提升对外资的吸引力，应从改善营商环境和减少准入限制方面增强外资的潜在竞争力。营商环境包含"硬环境"和"软环境"两个方面。基础设施建设是看得见的"硬环境"，而思想、政策、服务、人文这些看不见的"软环境"则体现了该地区的政府管理水平和市场发育程度，与"硬环境"相比，更能决定一个区域招商引资的竞争力。所以西北四省应深化落实"放管服"改革，简化外商投资企业设立程序，降低营商成本，为外商企业减少经营负担；加快培育市场体系，完善价格机制、竞争机制，营造公平的市场环境；提升外商投资服务水平，完善外商企业投诉机制，协调解决境外投资者遇到的突出问题，加大对外商投资企业知识产权的保护力度。大幅放宽外资准入，有助于在激烈的国际引资竞争中把握主动。不断扩大服务业和一般制造业以及金融业开放，将其作为利用外资的突破口，这对提升对外开放竞争力具有十分重要的作用。

四 西北四省协同向中亚开放的区域政策

（一）调整贸易结构

西北四省整体的对外开放现实竞争力水平并不高，与中东部地区差距明显，结合实证分析的结果看，对外开放现实竞争力的主要影响因素是对外贸易、外资和国际旅游。但是从目前的发展现状来看，实际使用外资金额仅占全国的5%左右，国际旅游（外汇）收入也仅占全国的3%，所以想要快速提升向中亚开放的现实竞争力就需要在对外贸易中发挥比较优势。首先，应该积极主动地承接东部地区外贸型产业转移，利用劳动力价格优势与财政政策、税收政策等方面的扶持，协同参与国际分工、发展加工贸易来扩大外贸规模。其次，还应该继续推动贸易结构的优化升级，通过引进外资和技术来增强出口产品的深加工能力，将外部的资源进行充分的利用，提高协同开放的质量，这样就会形成与中亚经济合作的竞争优势，不断提高出口产品的附加值，坚持以质量争取市场，更广泛地利用外资，尽可能地推动向中亚开放贸易的转型与升级。

（二）协同发展国际旅游

西北四省拥有独一无二的自然景观、丰富多彩的民族文化，旅游资源开发的潜力巨大，随着我国向中亚开放的不断深化，这些旅游资源对中亚各国游客有很强的吸引力，而旅游开放对提升对外开放潜在竞争力贡献度最高，是提升向中亚开放竞争力的有效途径。首先，应该以旅游开放为突破口，充分利用独特的旅游资源，在不破坏生态环境的前提下，加大力度协同开发生态旅游、人文旅游、民俗风情旅游等旅游项目，形成具有地域和民族特色的旅游品牌，提高知名度和影响力。其次，还需大力加强交通、住宿、餐饮等旅游服务设施协同建设，吸引中亚各国游客入境旅游，扩大旅游服务贸易的规模。

（三）拓展外贸市场，抵御贸易风险

从对外开放竞争力在时间上的变化趋势来看，西北四省处于缓慢

提升阶段。近年来国际贸易形势严峻、经济进入新常态，对外开放竞争力出现波动下降，集中体现为对外贸易总量明显萎缩。西北四省在巩固原有市场的基础上也应注重对新市场的协同拓展，通过新丝路建设的实施开拓中亚市场，大力促进贸易自由化和便利化，形成更广泛的贸易伙伴，实现贸易对象的多元化；另外，还应积极承接东部地区外向型企业的产业转移，继续支持中小企业开拓中亚市场，增强外贸发展的活力，不断挖掘外贸发展潜力，提高应对国际市场波动的能力，保证西北四省协同向中亚开放竞争力的持续提升。

（四）加强同中亚国家的经贸合作

西北四省同中亚发展经贸合作的地缘优势明显，对外贸易互补性强，经济依赖性程度高，在构建中国—中亚经济走廊和建设的背景下，巩固和加强同中亚国家的经贸合作将成为提升对外开放竞争力的有效途径。竞争与合作相互依存，经济全球化趋势不可逆转，经济联系深化符合各方利益。所以西北四省应该不断完善贸易和投资政策协调机制，协同建设与中亚经济合作和文化交流的对话平台；充分挖掘双边贸易潜力，促进贸易结构转型，扩大资本密集型和技术密集型产品的出口；积极对接新丝路建设，加强同中亚国家的互联互通，完善交通、网络等方面的基础设施建设；积极构建自由贸易区，促进地区间贸易的发展，为投资、旅游和经济合作提供便利，有效促进地区间生产要素流动，扩大对外开放，实现互利共赢，提高向中亚开放竞争力。

五　提升向中亚开放竞争力的政策建议

（一）新疆

随着一批对外开放经济区的成立，在政策的扶持下，新疆对外贸易快速发展，新疆的区位优势正在得到发挥。新疆应努力打造成为中国向中亚开放的新平台、新窗口，大力发展外向型经济，着重加强与中亚国家在能源互补以外领域的深层次合作，加快建设沟通中国—中亚—欧洲的陆路通道，利用国家政策和资金加强相关基础设施的配套建设，从而改善新疆的投资环境，便于新疆同中亚国家开展经济合作。新疆的外贸经济主要通过口岸承接，因此加大对口岸基础设施建设非常重要，还应提高口岸现代化的物流配套设施建设，提升边贸层次。同时要在主要的口岸建设与之相配套的工业园，把口岸建设的重点放在口岸自身经济发展的建设方面，利用口岸经济大发展带动贸易经济的发展。

(二) 甘肃

甘肃要积极着眼于调整产业结构，转变旅游业的发展方式，遵循市场规律，加强旅游产品的市场化运作，整合优化资源，实现产业要素的高效配置，促进与其他产业的协调发展。扩大旅游资源宣传，提高旅游产品的知名度，树立独具特色的品牌形象，吸引中亚游客，充分发挥旅游业的带动和先导作用，促进其他相关产业的联动，形成旅游业发展的品牌效应，从而提高向中亚的开放竞争力水平。在对外贸易和对外合作方面，加强与其他省份的协调性，发挥比较优势，逐步缩小对外开放竞争力的差距。

甘肃作为新丝路重要节点，要强化向中亚开放经济走廊的桥梁作用。依托第二欧亚大陆桥、陇海线及中川国际机场等便利条件，加快推进甘肃—中亚经济走廊建设。加速以农产品深加工、清洁能源、生物产业、商贸旅游服务业为主的产业集群形成，同时积极推动现代物流业以及旅游产业的发展，加强与中亚等地区的区域合作，真正形成市场互补。

(三) 宁夏

银川已经建成内陆开放型经济试验区，成立了银川综合保税区，这对其他地区都是非常有益的参考，但是依然存在外贸规模小、外贸依存度低、出口产品附加值低的问题。所以宁夏应充分抓住新丝路建设的机遇，继续加大同中亚的经贸合作，优化产品结构，增加产品附加值，增加与中亚贸易的竞争力。利用经济合作论坛和博览会等平台，更加广泛地引入中亚各国资本参与到宁夏的基建、金融、教育和科技领域建设，同时支持有条件的企业开展对外投资和工程劳务。全方位地深化向中亚开放的领域，才能有效提高宁夏向中亚的开放竞争力。

（四）青海

青海作为经济发展和对外开放竞争力水平都较为薄弱的地区，生态环境脆弱，发展外向型经济更需要走一条独特的道路。青海应该更加注重引入外资、人才和技术发展第三产业，加快西宁的基础设施建设，把西宁打造成为青海向中亚开放的高地，继续推进外资流向更具特色的藏药、牦牛养殖等产业，优化投资结构，拓宽投资渠道。此外，青海也可以在生态旅游方面下功夫，青海的自然景观独具特色，非常具有开发潜力，发展生态旅游也可以平衡自然环境保护与经济发展的矛盾，发展旅游将是青海提升向中亚开放竞争力的突破点。

我国经济实力日益提升，经济的重心不断从国内市场拓展到国际市场，国际贸易、国际投资、经济合作和国际旅游等经济活动的规模越来越大，各国之间、区域经济体之间的经济往来更加密切，随之而来的是国家间、区域间的国际竞争更加激烈。基于以上的分析，接下来讨论西北四省如何在国际竞争中提高向中亚的开放水平与竞争力。这对于建立新型的、互利共赢的地区经济合作模式，提高西北地区向中亚经济合作效率都是十分重要的。

第四章　西北四省向中亚开放面临的机遇、挑战及战略选择

西北四省地理位置独特、资源丰富，具有巨大的发展潜力，形成了比较完整的铁路、公路、航空、管道四大综合交通网络，已成为亚欧大陆最重要的交通枢纽、国际物流中心、新丝路建设和西部大开发的重要门户，新丝路建设的制定和实施将有效促进西北地区经济增长。

第一节　西北四省与中亚经贸关系

2100多年前的西汉时期，张骞以汉使身份两次出使西域，使中国与西域有了交流的通路，开启了中国与中亚各国友好交往的大门。新丝路是以交通运输网络为根本，促进贸易与人文交流、生产要素互通有无、区域合作实现共赢的平台。新丝路是一条横贯东西、连接欧亚的重要路线，能促进人类文明的进步，是东西方交流与合作的象征，更是世界共同的历史文化遗产。

2013年，中国国家主席习近平在哈萨克斯坦纳扎尔巴耶夫大学作题为"弘扬人民友谊　共创美好未来"的重要演讲时，明确指出：中国与中亚国家都处在关键发展阶段，面对前所未有的机遇和挑战，我们要全面加强务实合作，将政治关系优势、地缘毗邻优势、经济互补优势转化为事务合作优势、持续增长优势，打造互利共赢的利益共同体。我们希望同中亚国家一道，不断增进互信、巩固友好、加强合作，促进共同发展繁荣，为各国人民谋福祉。用创新合作模式，共同

建设"一带一路"。西北四省(新疆、青海、甘肃、宁夏)作为新丝路建设的核心区域,必将成为我国向中亚开放战略的重要支点。面对新的发展形式,在立足于现状与实际可行性的前提下,深入研究区域经贸合作中各自拥有的独特优势、形成高度紧密的互补性经贸关系显得尤为重要。

一 中亚五国经济概况

中亚地区主要指与中国新疆接壤或邻近的哈萨克斯坦、吉尔吉斯斯坦、塔吉克斯坦、土库曼斯坦以及乌兹别克斯坦。中亚即亚洲的中部地区,位于欧亚内陆,是亚洲与欧洲枢纽的重要路上走廊。中亚各国的基本概况见表4-1。

表4-1　　　　　　　　2016年中亚各国基本情况

	哈萨克斯坦	吉尔吉斯斯坦	塔吉克斯坦	土库曼斯坦	乌兹别克斯坦
国土面积(平方千米)	2724902	199949	141376	488100	477400
人口总数(人)	17794390	6079500	8734951	5662544	31847900
人口增长率(%)	1.4	2.0	2.2	1.7	1.7
人口密度(人/平方千米)	6.6	31.7	62.9	12.0	74.9
GDP(现价美元)	137278320084	6551287937	6951657159	36179885714	67220335569
GDP增长率(%)	1.1	3.8	6.9	6.2	7.8
货物和服务出口占GDP的比重(%)	31.9	36.8	—	—	18.8
货物和服务进口占GDP的比重(%)	28.3	71.9	—	—	20.6
外国直接投资净流入(BoP,现价美元)	16975086787	619220700	344147210	4522482143	66502368

资料来源:亚洲开发银行。

中亚五国中国土面积最大的国家是哈萨克斯坦,达2724902平方千米,外国直接投资净流入约为170亿美元,居于五国之首,其人口不如乌兹别克斯坦多,人口增长仅为1.4%,人口密度最低。吉尔吉斯斯坦的货物和服务出口占GDP的比重为36.8%，货物和服务进口占GDP的比重为71.9%，两者都位居中亚五国第一；其GDP在五国中处于第五位。塔吉克斯坦的国土面积仅141376平方千米，是中亚五国中拥有国土面积最小的国家，人口增长率为2.2%，排名第一，外国直接投资净流入位于最后，对外经贸潜能较大。土库曼斯坦的国土面积大于塔吉克斯坦，人口总数最少，为5662544人，人口增长率为1.7%，和乌兹别克斯坦齐平。乌兹别克斯坦的人口总数位于第一，达31847900人，GDP仅次于哈萨克斯坦，国土面积并不是很大，但人口密度最大，为74.9人/平方千米，货物和服务进出口均位于第五。

近年来中亚各国的人口增长率比较高，总人口约为7000万，经济总量不高，经济持续稳定快速地增长，居民收入增长较快，社会福利水平较高，人均消费也较高，经济发展势头良好。

二　中国与中亚经贸关系

（一）中国同中亚进出口贸易

近年来，随着中国对外开放力度的加大，中国与中亚五国的贸易程度日益加深。

由表4-2计算可知，2012—2016年，中国同吉尔吉斯斯坦、乌兹别克斯坦的进出口贸易总额分别增加9.96%和25.72%；中国同哈萨克斯坦的进出口贸易额排名第一，中国同塔吉克斯坦进出口贸易总额在2014年达到五年中的最大额。值得注意的是，2012—2016年，中国同哈萨克斯坦、土库曼斯坦的进出口贸易总额下降幅度较大，分别下降49.00%和43.10%。总体而言，中国同吉尔吉斯斯坦、乌兹别克斯坦的进出口贸易总额趋于上升。由此可知，在2012—2016年与中亚五国对外贸易进出口总额中，中国与哈萨克斯坦的进出口贸易合作最密切，中国同塔吉克斯坦的贸易规模不大，同吉尔吉斯斯坦、土库曼斯坦、乌兹别克斯坦贸易合作较为平稳。

由表4-3可知，2013年，中国同哈萨克斯坦的进口贸易总额最大，达1605084万美元。中国同吉尔吉斯斯坦的进口贸易呈现"U"形趋势，2014年最低，仅为5542万美元。2012—2016年，中国同塔吉克斯坦的进口贸易额从 10883 万美元下降到 3125 万美元，下滑71.29%。2014 年，中国同土库曼斯坦进口贸易总额最高，2016 年下降到五年内的最低。中国同乌兹别克斯坦进口贸易总额变化波动较大。

表 4-2　　2012—2016 年中国同中亚五国进出口贸易总额情况

单位：万美元

年份	哈萨克斯坦	吉尔吉斯斯坦	塔吉克斯坦	土库曼斯坦	乌兹别克斯坦
2012	2568157	516232	185670	1037250	287519
2013	2859596	513770	195812	1003090	455145
2014	2245167	529794	251594	1047044	427612
2015	1429019	434069	184742	864313	349583
2016	1309767	567669	175634	590177	361461

资料来源：国家统计局。

表 4-3　　2012—2016 年中国同中亚五国进口贸易总额情况

单位：万美元

年份	哈萨克斯坦	吉尔吉斯斯坦	塔吉克斯坦	土库曼斯坦	乌兹别克斯坦
2012	1468084	8895	10883	867338	109185
2013	1605084	6235	8875	889326	193809
2014	974182	5542	4770	951616	159791
2015	584895	5857	5204	782766	126706
2016	480508	7124	3125	556330	160706

资料来源：国家统计局。

从表 4-4 中国同中亚五国出口贸易总额角度来看，2012—2016年，中国同塔吉克斯坦、乌兹别克斯坦的出口贸易总额基本呈现正增长的状态，分别增长 10.49% 和 12.57%。2012—2016 年，中国同哈萨克斯坦的出口贸易总额在五国中排名第一，但出口贸易总额下滑，从1100073万美元下降至829259万美元,下降了24.62%。2012年,中国同土库曼斯坦的出口贸易额是五年内最大的,至2016年,出口贸易总额下滑至33848万美元,下降80.08%。2014年,中国同乌兹别克斯坦的出口贸易总额最高,总体来说比较平稳,直至2016年仍保持在200000万美元之上。

表4-4　　2012—2016年中国同中亚五国出口贸易总额情况

单位:万美元

年份	哈萨克斯坦	吉尔吉斯斯坦	塔吉克斯坦	土库曼斯坦	乌兹别克斯坦
2012	1100073	507337	174787	169912	178334
2013	1254512	507535	186936	113764	261336
2014	1270985	524252	246824	95428	267821
2015	844124	428212	179539	81547	222876
2016	829259	560546	172510	33848	200755

资料来源:国家统计局。

(二)中国与中亚的贸易结构

中国对中亚五国的进口商品结构平衡、稳定,出口商品结构相对比较单一,以能源、矿产品和初加工产品为主,还包括高档品、高新技术产品以及大众消费的普通商品(包括各类生活用品、食品等)。

如表4-5所示,中国对哈萨克斯坦以及吉尔吉斯斯坦的制成品进口占进口货物的比重最大,分别达到80.3%、61.8%;食品进口比重也较大,农业原材料进口比重最小。而中国对哈萨克斯坦的出口中,燃料的出口比重最大,达到68%,最小的是农业原材料出口。可以看出,在进出口货物结构中,中国对中亚五国贸易结构中农业原材料进口比重大于出口比重。中国对吉尔吉斯斯坦的制成品出口占货物出口比重的46%,其次是食品。中国对中亚的贸易主要是食品与制成品,占比最少的是农业原材料,矿物和金属所占的比重较大。

表 4-5　　　　　2015 年中国与中亚各国的贸易结构　　　　单位:%

指标	哈萨克斯坦	吉尔吉斯斯坦	塔吉克斯坦	土库曼斯坦	乌兹别克斯坦
农业原材料出口占货物出口比重	0.18	3.17	—	—	—
食品出口占货物出口比重	4.60	18.3	—	—	—
燃料出口占货物出口比重	68.0	9.7	—	—	—
制成品出口占货物出口比重	15.1	46.0	—	—	—
矿物和金属出口占货物出口比重	12.1	5.9	—	—	—
农业原材料进口占货物进口比重	0.5	0.9	—	—	—
食品进口占货物进口比重	10.8	14.0	—	—	—
燃料进口占货物进口比重	5.6	19.3	—	—	—
制成品进口占货物进口比重	80.3	61.8	—	—	—
矿物和金属进口占货物进口比重	2.6	1.2	—	—	—

资料来源:资料来源于世界银行等国际组织,由国家统计局整理所得。

随着近些年来中国经济的迅速发展、国际地位的不断提高,中国与中亚地区交流往越来越稳定,不同产业领域都有紧密的合作,贸易总额不断增加。2012—2016 年哈萨克斯坦对中国的贸易总额排名第一,远远超过中亚其他几个国家,吉尔吉斯斯坦次之,土库曼斯坦和乌兹别克斯坦的贸易总额相对较低。

三　西北四省与中亚经贸现状

2014 年和 2015 年,新疆对哈萨克斯坦的进出口贸易总额分别是

1012954万美元和574789万美元，新疆与土库曼斯坦的贸易合作最少，进出口贸易总额仅为13291万美元和9153万美元。2012—2015年，新疆与中亚的进出口贸易占本区进出口贸易总额的比重一直下降，下降了38.95%，2015年达到最低，仅占本区进出口的22.886%，下降了13.97%。2016年，青海与中亚五国进出口总额中，与吉尔吉斯斯坦的进出口贸易额最大，达13780万美元，与乌兹别克斯坦的进出口贸易额最少，仅为462万美元。2013—2016年，甘肃与哈萨克斯坦的进出口贸易呈上凹的形状，2013—2015年逐年递减，2016年大幅度上涨，比2015年增长138.35%，但仍比2013年低16.98%。近几年来，随着新丝路建设的进一步实施，西北四省与中亚各国之间的交流越来越频繁、合作越来越紧密。

新丝路建设加强了西北四省与中亚地区的交通联通，经济贸易的发展必然离不开交通基础设施建设。保罗·克鲁格曼新经济地理理论指出，地理位置在经济贸易中具有很重要的作用，运输成本是经济贸易的一大壁垒。随着区域间贸易自由化程度的不断提高，需要政府干预改进区域间交通设施，降低贸易间运输成本，改善资源分配不均等问题，从而促进区域经济贸易更进一步地发展。

中亚是欧亚大陆的主要地理枢纽，地理位置特殊性，由于西北四省与中亚的文化、宗教、民族、习惯等方面的相似性，贸易潜能较大。只有低层次的贸易互补是远远不够的，西北四省应协同发展贸易互补产品的合作、创新和拓展，发挥特有优势，用深加工产品替代初级产品，以投资取代出口，推进互补性贸易，加深西北地区与中亚的双边经贸合作，协同开放，扩大经贸往来，推动新丝路建设，带动西北地区经济协同发展，实现共赢。

第二节　西北四省向中亚开放的机遇与挑战

新丝路建设方案的提出和具体实施，在一定程度上提高了西北四省在国民经济发展中的地位，为以后的发展带来机遇。新丝路建设已

第四章 西北四省向中亚开放面临的机遇、挑战及战略选择 | 105

被列为优化经济发展空间的三大战略之一，具有丰富的内涵，和平发展、互利互惠的理念广为人知。专家认为，新丝路应包含基于主轴的经济合作和人文交流，并提倡开放包容、互助互惠。

狭义的对外开放指的是一个国家或地区积极主动地扩大与其他国家的经济交往，取消一系列政策限制，施行宽松政策，加强与世界经济的合作。而现实意义上的对外开放不局限于经济贸易的往来，也包括文化、科技和政策等方面的交流合作。

要全面度量一个地区的对外开放程度，不能仅仅用一个指标以偏概全，而必须用多指标，如外贸依存度、外资依存度和旅游开放度三个指标。

外贸依存度（FTR）=（$X+M$）/$GDP \times 100\%$。

外资依存度 =（$OFDI+FDI$）/$GDP \times 100\%$。

旅游开放度 = 国际旅游创汇收入/$GDP \times 100\%$。

其中，X 和 M 分析为出口额和进口额，FDI 为外商直接投资，$OFDI$ 均与对外开放程度呈正相关。

计算结果见表4-6、表4-7和表4-8。

表4-6　　　　　　2016年西北四省外贸依存度　　　　单位：亿美元、%

省份	进出口额（按境内目的地和货源地分）	外贸依存度
新疆	16512606	17.11
宁夏	2047387	6.46
甘肃	2960500	4.11
青海	343782	1.34

表4-7　　　　　　2016年西北四省外资依存度　　　　单位：亿美元、%

省份	外商投资总额	外资依存度
新疆	97	6.68
宁夏	87	18.24
甘肃	75	6.92
青海	75	19.37

表4–8　　　　　　　2016年西北四省旅游依存度　　　单位：百万美元、%

省份	国际旅游创汇收入	旅游依存度
新疆	518.73	0.36
宁夏	40.58	0.09
甘肃	19.14	0.02
青海	44.16	0.12

资料来源：根据《中国统计年鉴（2017）》数据整理得出。2016年我国GDP为744127.2亿元。根据人民银行发布的美元兑人民币汇率中间价，2016年244个交易日平均汇率中间价为1美元=6.6432元人民币。

赫克歇尔—俄林的国际贸易要素禀赋理论，指出不同的要素禀赋是各国家（地区）间发生贸易的基础，一国出口密集使用其丰富要素的产品，进口密集使用其稀缺要素的产品。通过政策再倾斜，使要素向西北地区流动，形成巨大的要素成本价格优势，为西北地区对外开放打下坚实的基础。

一　西北四省向中亚开放面临的机遇

（一）扩大市场需求，提高产品竞争力

新丝路建设背景下，西北四省向中亚开放可增加其产品的市场需求，推动特色经济和优势产业的发展，增加产品和产业竞争力，优化产业结构，有利于形成产业集群，为发展经济带来新的活力。例如，建立新丝路物资交易平台，确保与中亚、欧洲等国家之间的贸易信息能够完全对称，按其类型分为农产品、旅游、科技文化、医药、石油化工和机械；除各种质量等级、技术参数、价格等基本信息外，还有贸易合作服务支持模块，可以深入协商沟通相关贸易合作，建立并完善其金融合作体系，扩大国内外市场的需求，提高产品竞争力，增加就业和税收。

（二）聚集国际合作项目

西北四省不仅是新丝路的重要组成部分，而且具有明显的地理优势。除此之外，甘肃、青海、宁夏、新疆成为东西方文化的交汇点。自新丝路建设实施以来，西北四省与中亚国家在一些领域达成许多合

作协议，新疆是新丝路建设的核心区，是西部大开发的桥头堡，连接中亚、西亚和欧洲。在与中亚经济合作基础上推进深入合作，西北四省将为自身在竞争和探索中找到合适的发展模式，在发展边境贸易中起到很好的引领作用。

如表4-9所示，2014年新疆与周边国家的贸易总额达到约180亿美元，占新疆贸易总额的70%以上，与塔吉克斯坦、哈萨克斯坦和吉尔吉斯斯坦的贸易占新疆与周边国家对外贸易的66%。

表4-9　　　　　2014年新疆与周边国家贸易额比例　　单位：亿美元、%

	哈萨克斯坦	塔吉克斯坦	吉尔吉斯斯坦	其他邻国
贸易额	40	39	41	60.86
占总贸易额的比例	22.1	21.6	22.7	33.7

注：由于四舍五入，比例之和可能不为100%。
资料来源：根据《新疆统计年鉴（2015）》数据整理而得。

从表4-9可以看出，新疆与哈萨克斯坦、塔吉克斯坦、吉尔吉斯斯坦等周边国家的进出口贸易额逐年增加。如图4-1所示，其他邻国进出口贸易总额在新疆贸易总额中所占的比重最高，2014年所占的比重为34%，这说明新疆与周边国家经贸合作的力度比较大。

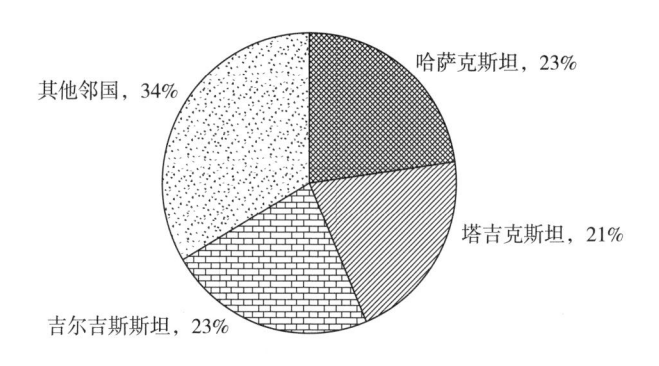

图4-1　2014年新疆与周边国家进出口贸易额比例

(三) 促进产业结构优化

在新丝路建设的背景下，西北四省面临产业结构优化调整的机遇。西北四省与中亚经济合作所涉及的地区、国家及人口的范围都很大，中亚是世界能源与资源的主要来源，西北四省和中亚资源间的互补性相对较强，由于中亚各周边国家大都是处在不同发展水平的发展中国家，其发展潜力很大，西北四省与中亚各国间的开放有利于资源的优化配置，促进农业、工业、第三产业等结构优化。

(四) 加快交通网络建设

新丝路建设方案实施后，西北四省与中亚国家的经贸往来和区域合作日益频繁，对外贸易发展的质量和有效性进一步提高。据乌鲁木齐海关统计，2016 年，新疆和哈萨克斯坦实现外贸进出口总额 637.2 亿元，同比增长了 52.6%；2017 年新疆进出口总额达到 1398.4 亿元，同比增长了 19.9%。其中，出口额达到 1200.4 亿元，增长了 16.5%；进口额达到 198 亿元，增长了 45.8%。出口产品主要包括电子产品和传统的劳动密集型产品。

新丝路建设背景下，交通网络建设为西北四省与中亚经济合作提供了难得的机遇。铁路方面，需加强跨境铁路建设，提高铁路运输效率。公路方面，需加强国道建设，完善霍尔果斯和阿拉山口陆路口岸公路建设，提高公路管理和信息化水平，加强管道基础设施建设。建立多层次的交通运输机制，推进重点项目，规划战略走廊布局，进一步提高国际运输的便利。在建立交通网络的同时，国家支持区域经济网络的建设，更加促进了西北地区经济的快速发展。

二 西北四省向中亚开放面临的挑战

新丝路建设将给西北四省向中亚开放带来新的发展和新的机遇，更大的潜力待开发。但机遇与挑战并存，西北四省需充分发挥自身的地理优势，加大向中亚开放的力度，努力建设成为文化科教中心、区域交通枢纽、金融中心、贸易物流中心、医疗服务中心和国家大型油气生产、加工与仓储基地。在新丝路建设倡议背景下，西北四省经济发展需要抓住机遇，实施综合改革创新，全面推进经济健康持续发展。

(一)"三股势力"对经济发展的威胁

近年来,"三股势力"(宗教极端势力、民族分裂势力、国际恐怖势力)一直试图破坏西北地区现在安定的局面。"三股势力"不仅会通过破坏丝绸之路交通等基础设施,阻碍中亚地区间的交流与合作,还可能渗透到西北四省,严重威胁社会的稳定发展以及国家的统一。因此,应坚持反暴力,坚持讲法治,全面落实政策,标本兼治,团结各族人民的力量,战胜困难和挑战,保持西北四省的长治久安和社会稳定。

(二)产业动力不足

西北四省边贸的优势明显,这也是中国对外开放的重要支撑。边境贸易持续稳定发展,对推动地区建设,增加人民收入和就业,促进与周边国家的经贸合作,实现经济繁荣发展发挥了重要作用。从经济增长的演进过程来看,最重要的因素是资本积累型增长引擎,其次是资源密集型增长引擎,最后是技术密集型增长引擎。西北四省优势产业均为资源密集型和劳动密集型产业,边境贸易主要包括小规模边贸和旅游购物。西北四省产业技术创新方面依然薄弱,随着人口老龄化和劳动力成本上涨,人口红利将逐渐消失,这将成为西北四省向中亚开放面临的一个主要问题。

(三)城市发展质量低

党的十八大报告中指出:要着眼于改善人民的需求结构,优化产业结构,促进区域协调发展,促进城镇化,着力解决制约经济持续健康发展的重大结构性问题。西北四省配套基础设施建设缺乏资金,资源环境约束、人口聚集能力弱、经济贡献有限仍是突出问题。例如新疆,除乌鲁木齐之外,其他城市的行政管理水平太低,无法有效整合各种资源,导致不能带动其他城市和区域向中亚开放的整体发展。因此,在新丝路建设背景下实施城市发展战略,建设区域核心城市。城市化是推动经济社会发展和调节向中亚开放的重要途径之一。

(四)基础设施相对落后

首先,西北四省交通基础设施建设与全国的差距仍然很大。首先,一些城镇交通条件很差,运输货物也不方便,技术水平相对较低，设备老化，影响当地的经济发展，制约西北四省向中亚的进一步开放。其次，尽管近年来各级政府积极扩建及改善口岸基础设施，大部分口岸实现了通水、通电、通路、通信等，但公路等级较低，与国内外境交通链接不畅，通关时间长、速度慢，货物滞留等问题仍然存在。

由于地理位置、文化、资源等方面得天独厚的优势，新丝路建设给西北四省向中亚开放带来了机遇和挑战，西北四省与中亚开展经济合作时，战略选择是发展的关键。

第三节　西北四省向中亚开放战略选择

习近平主席在 APEC 2013 年工商领导人峰会中强调，要坚持"引进来"与"走出去"并重。2018 年中国贸促会实施"百国万品中国行"等六大行动。双引擎：促进我国进出口贸易和双向投资；多点开花：形成陆海内外联动、东西双向互济的开放格局，提高参与世界经济合作水平。"新常态"下习近平提出"走出去"的对外开放经济思想，培育外贸竞争新优势，推进外贸领域供给侧结构性改革，深化"五个优化"和"三项建设"，发展贸易新业态、新模式，鼓励加工贸易创新。2018 年 11 月举办首届中国国际进口博览会，推动进出口量稳定增长。举办"中国品牌境外行"行动，推出"中国服务走向全球"行动，实施"中国企业'走出去'20 + 20 计划"，促进国内外企业进行对接洽谈，加快建设贸易强国步伐。中国对外贸易水平自"一带一路"倡议提出以来发生了质的飞跃，进出口增长超出预期，贸易结构进一步优化，质量效益继续提升，外贸发展的内生动力不断增强，成为世界经济增长的主要稳定器和动力源。

中国经济发展不再追求高速增长而是高质量的增长。对优质、具有高科技附加值、资本密集型商品需求尤为旺盛，扩大进口是我国推进贸易建设的重要方面，尤其是扩大先进技术设备、关键零部件和优质消费品等商品进口，深度参与整合全球资源，提升技术创新和市场竞争能力。中国与自贸伙伴已经实现水平更高的相互开放，2016年，我国已经签署协定的自贸区经济规模占全球的10.3%，形成了东中西全方位的开放格局。① 自贸区建设秉持"投资自由化、贸易市场化、金融国际化、管理规范化"的原则，通过构建以"一带一路"为载体的自贸区网络，消除贸易壁垒，推动自由贸易，提高贸易便利度，助力亚太经贸自由化发展。中国以扩大开放有力地促进了自身发展，也给世界带来重大机遇。

商务部数据显示，2017年全国新设立外商投资企业30815家，同比增长26.5%；实际使用外资金额8036.2亿元，同比增长9.8%。高技术业吸收外资延续良好增长态势。世界银行发布的《营商环境报告》显示，2013—2016年中国营商环境提高了18位，开办企业便利度排名上升了31位。2018年中国将实施"投资中国"行动计划，为外资提供更加优质的投资环境，促进外资稳定增长。

一 新丝路建设推动西北四省对外开放

商务部数据显示，2016年中西部地区占我国外贸出口的比重达到15.2%，比2011年提高了3.3个百分点。西北地区既是我国多民族聚居区，也是新丝路国内段的战略前线。目前，西北地区正积极融入新丝路建设，经济走廊建设稳步进行，互联互通网络逐渐成形，贸易投资大幅提升，向中亚开放工作取得了显著成效。西北四省向中亚开放水平普遍较低，巨大的市场潜能未被开发，以西北四省为支点，加深向中亚开放程度不仅可以作为经济增长的原动力，与有关国家和地区加强合作沟通，拓展对外开放，也有利于缩小我国地区差距，全方位提升开放水平。

"以人为本"是新丝路建设的基石。2016年1月，习近平主席在《共同开创中阿关系的美好未来》的重要演讲中指出，实施人才"百千万"工程，促进科技人员交流，扩大留学生规模，新丝路国家共同培养紧缺型专业人才，实现人力资源互通，让人才和思想在新丝路上

---

① 资料来源：http://www.gov.cn/xinwen/2017-12/26/content_5250346.htm，中国开放力："引进来""走出去"并行。

流动起来。2017年,"一带一路"沿线国家留学生有31.72万人,占来华留学生总人数的64.85%,增幅达11.58%,高于各国平均增速。教育部数据显示,2017年留学人员中硕士和博士共计约7.58万人,比2016年增加18.62%。

随着新丝路建设的推进,中国逐步加大在西部地区的科技投入力度,推进科技体制改革、知识产权保护等引导政策,建设技术创新体系。提升区域经济竞争力,发展特色产业是前提,创新是关键。例如,宁夏以银川市为核心,辐射带动周边与银川经济联系紧密的石嘴山市、吴忠市和宁东能源化工基地,促进产业发展集群集聚、推进城市功能互补、加强生态环境共保共治、实施城市联动协同发展、降低生产生活成本,提升了区域综合实力和竞争优势。西北四省应结合区情特点,明确产业导向,做强、做优特色;激发实体经济内生动力,强化实体经济吸引力,加快创新企业建设。各级政府应为企业营造良好的创新环境,做好统筹协调,优化营商环境,降低企业成本,积极将政策、资金、技术、人才等要素配置到实体经济发展当中。

中国的对外开放不局限于对外经贸,更多的中国文化、中国服务也应在新丝路上传播。文化部发布的《"一带一路"文化发展行动计划(2016—2020年)》中指出,传承丝路精神,通过组织各类民间文化交流活动,加强文化和服务贸易出口,推动中华文化和中国服务"走出去",建造创新服务平台。2017年7月成立"一带一路"民族文化大数据中心以响应"一带一路"倡议,拉近中国与各国的距离,促进国家间文化交融繁荣,让民族文化沿丝路繁荣。

二 西北四省向中亚开放的SWOT分析

(一)优势

1. 地缘优势

随着新丝路建设的推进,新疆深化与中亚、西亚等国家的经贸合作,通过建立对外开放口岸与通道等方式成为新丝路上的商贸物流中心;宁夏推进内陆开放型经济试验区建设,成为连接中国内陆的枢纽;甘肃、青海等地区发挥地理位置优势,建设向中亚开放的战略阵地,极大拉近了和中亚市场的距离,有效地推动了向中亚开放的进程。

2. 人文优势

西北四省向中亚开放历史悠久，古丝绸之路就是由我国各族人民与中亚各国人民共同建设完成的，"陆上丝绸之路"起源于西汉，以今陕西西安为起点，经甘肃、新疆，到中亚、西亚，是连接地中海各国的陆上通道。历史上各族人民通过丝绸之路进行友好合作、贸易往来和文化融合，也为今天西北四省对外开放奠定了基础。中亚国家与我国西北四省在语言文字、民族文化和宗教信仰等方面有相似之处，各族人民彼此具有深刻的认同感，这样独特的人文资源，将有利于将西北四省建设为向中亚国家对外开放的重要桥梁和纽带。习近平总书记在中央民族工作会议上指出，建设"一带一路"对民族地区特别是边疆地区是个大利好，民族地区将转变成为次区域经济的中心。

3. 资源优势

西北四省一方面具有与中亚国家合作的重要外向型产业基础，且自然资源优势互补；另一方面与中亚国家相比也具有较高水平的加工技术和廉价劳动力的优势。如甘肃作为丝绸之路黄金地带，拥有玉门、长庆两个油区，太阳能光伏技术全国第一。西北四省需不断扩大对外开放程度，实现比较优势，加强与中亚国家合作。

4. 政策支持

国务院发布的《"十三五"促进民族地区和人口较少民族发展规划》中强调，民族地区应实施更加积极主动的开放战略，构建民族地区对内对外开放新格局。西北四省也是民族地区，在相关政策的支持下，应积极开展对内对外开放和区域合作的多领域稳定的交流合作机制。例如，建设新疆喀什、霍尔果斯等经济开发区；举办中国西部国际博览会等。以新疆为例，2018年新疆完成重点基础设施投资4500亿元以上，加速了公路、铁路、机场、能源等项目建设。推动库尔勒—格尔木铁路、和田—若羌铁路开工建设；扎实推进G0711乌鲁木齐至尉犁、G7梧桐大泉至木垒、G30小草湖至乌鲁木齐等高速公路项目建设；加快乌鲁木齐国际机场改扩建项目建设进度，开工建设塔什库尔干、昭苏、于田等新机场；加快实现750千伏主网架覆盖新疆所有地州。政策的保障，为西北民族地区与中亚经济合作夯实了发展基础。

（二）劣势

1. 基础设施建设不完善

西北四省基础设施尤其是交通基础设施密度低，建设技术水平落后，技术标准低，老化程度严重，对外通商口岸设施建设有待加强。通商口岸联检设施落后和查验设备不齐，与口岸衔接的公路等级较低，境内外交通连接不畅，不仅使货检不能达到中亚国家海关总署的要求，通关效率低，还使通行的货车存在安全隐患。基础设施建设水平在很大程度上制约了西北四省向中亚开放的速度，亟须加大基础设施投资建设。

2. 民族宗教问题

西北四省是向中亚开放的重要阵地，与中亚国家相似的文化和宗教信仰是其对外开放的有利条件，但多元化的民族宗教信仰，使境外宗教极端势力、民族分裂势力和暴力恐怖主义有可乘之机，是国家需要关注的重大安全隐患。新丝路沿线国家应统一战线，共同加大对恐怖分裂违法犯罪活动的打击力度，建立与对外开放程度相适应的一整套严厉打击跨境犯罪的安保体系。

3. 社会治安问题

随着向中亚开放进程的推进，西北四省与中亚边境贸易往来愈加密切，随之而来的跨境犯罪也会日益增加。如境内外不法分子为了逃避法律的制裁，利用机会非法进入和非法流出，跨境拐卖妇女儿童以及跨境走私贩毒等问题日益严峻。所以在大力推动西北四省向中亚开放的同时，也应加强和规范流动人口服务管理工作，做到早发现、早报告、早处置，为边境人口创建一个安全、稳定的社会治安环境。

4. 工业化、城镇化水平较低

目前，西北四省刚刚进入工业化中期阶段，各省份的产业基础均较薄弱，产业链条较短，产业集群较少，"有资源没产业"的问题突出。丰富的资源无法很好地转化为产业优势、对外开放优势和区域发展优势。西北四省的省会城市没有形成很强的主导产业，其经济辐射带动能力有待提高。

5. 资源环境劣势

由于发展方式粗放，创新能力不强，部分行业产能过剩严重，企业效益下滑，西北四省的资源环境压力不断增大。发展方式劣势是妨碍新丝路建设的重要因素之一，如果不能摆脱低水平的重复建设，西北四省低水平重复建设与恶性竞争将对中亚合作产生消极影响。因此，西北四省区应根据各个地区的发展现状、资源环境承载能力与开发潜力，追求绿色发展。

（三）机遇

1. 产业技术创新

习近平在2018年4月召开的全国网络安全和信息化工作会议上指出，核心技术是国之重器。西北四省产业融资渠道匮乏，规模有限，对技术研发的重视程度以及资金投入不够，产业的创新程度有限，没有完全发挥出特色产业的不可替代性优势，在产品市场上不能吸引消费者。西北四省要借助新丝路建设带来的大利好，多渠道多方向融资，增加创新投入、提高技术创新产出，加速推动核心技术突破，推动数字化建设，紧抓大数据、云计算、人工智能等新型信息技术，促进信息技术与生物、能源、材料等技术交叉融合，加速技术创新。

2. 区域协同创新

从区域经济学的角度来看，新丝路建设是一种整合区域内部资源，加速生产要素跨区域流动，促进开放贸易的合作形式，这种区域合作有着巨大的发展潜力。区域经济协同发展不仅要实现区域内部商流、物流、信息流、资本流和人才自由流动，更要在区域内部创新，利用生产要素、产业发展、信息资源等方面的相互溢出效应，形成产业集群。

（四）挑战

1. 与中亚经贸合作的规模较小

西北四省工业密度低，聚集能力不足，与中亚经贸合作的主体通常为小规模、分散经营的小企业。因其技术缺乏，标准化、规范化、机械化程度太低，生产效率低下，产品很难满足加工的要求和出口的需要。小规模的生产决定了企业的生产成本高昂，达不到规模经济效应。由于产品价格昂贵、产量低，小生产与大市场的矛盾难以适应市场竞争的要求，产业化进程缓慢。

2. 产业结构有待完善

目前西北四省进出口的主要商品仍为初级产品，与中亚贸易主要依靠初级加工商品的转移，这种低层次的对外贸易不仅获利较少，且对当地资源消耗较大。如2015年新疆出口的商品中，位列前三名的商品为鞋类（246313万美元）、番茄酱（40695万美元）和棉机织物（9978万美元），三种产品属于第一产业或第二产业，三种产品份额相加后，占总出口的比重为98.08%。[①] 由此可见，初级产品出口是西北四省与中亚贸易的主要模式，其产品内在的技术含量和附加值较低，处于价值链的低端，在国际市场上竞争力不足。

3. 金融风险

新丝路建设的推进为西北四省提供了多种方式的资金支持，例如，亚投行与丝路基金，国家间共同构建亚洲货币、融资、信用体系，各个国家间货币互换、结算规模等金融合作也在稳步推进。大规模的资金注入，促使金融互通、融资便利，同时也会带来金融风险。

4. 技术创新不足

西北四省企业融资渠道匮乏，对技术研发的重视程度以及资金投入量远远不够。如表4-10所示，西北四省专利授权数低，说明产品创新程度有限。教育水平落后于全国的平均水平，由于工资待遇低下和工作环境较差，难以引进人才，面临技术创新能力不足的困境。

表4-10　　　　　　　　2016年西北四省专利授权数　　　　　单位：件

地区	授权数
新疆	7116
宁夏	2677
甘肃	7975
青海	1357

资料来源：国家统计局网站：http://www.stats.gov.cn/。

---

① 资料来源：国家统计局网站：http://www.stats.gov.cn/。

三 西北四省向中亚开放战略选择

根据 SWOT 分析，可以得到 SO 战略、ST 战略、WO 战略和 WT 战略四种战略（见表4-11）。西北四省向中亚开放应选择 WT + ST 战略组合，利用自身优势，避开内部劣势，顺应外部机遇，防范外部挑战，加快对外开放的进程。

表4-11　　　　西北四省向中亚开放战略的 SWOT 分析

内部 外部	机遇（O） 1. 产业技术创新 2. 区域协同创新	挑战（T） 1. 与中亚经贸合作的规模较小 2. 产业结构有待完善 3. 金融风险 4. 技术创新不足
优势（S） 1. 地缘优势：次区域经济中心 2. 人文优势 3. 资源优势 4. 政策支持	SO 战略 1. 提升整体自主创新能力，形成万众创新的浪潮 2. 充分利用各种优势，提升区域竞争力	ST 战略 1. 建立与中亚国家和地区长效经贸合作机制 2. 通过政策引导等方式调整产业结构 3. 注重人才培养及跨国流动，提高工资福利待遇 4. 政策扶持加速自贸区等一系列对外开放重点区域建设
劣势（W） 1. 基础设施建设不完善 2. 民族宗教问题 3. 社会治安问题 4. 工业化、城镇化水平较低 5. 资源环境劣势	WO 战略 1. 完善基础设施建设，为地区扩大对外开放提供有利条件 2. 整合地区各类资源进行统一统筹规划，实现资源的利用效率最大化 3. 与中亚国家地区协调一致建立维护社会治安的网络体系	WT 战略 1. 加快完善基础设施建设的步伐，为地区扩大对外开放提供有利条件 2. 提高创新能力，优化贸易结构，鼓励出口高技术附加值产品 3. 建立完善风险预警系统和管理措施，应对金融风险 4. 与中亚国家协调一致建立维护社会治安的网络体系

（一）协同完善基础设施

西北四省应加快与中亚国家基础设施的互联互通，大大降低交通与运输成本，有效推动对外贸易，加快产业工业化和规模化进程。重点关注对外通商口岸的建设与完善，进而推动基础设施建设的全面覆盖。

（二）协同人才培养机制

人才是西北四省对外开放的基础，有了人才就有了思想，有了思想，才有经济发展的基础。"世界工厂"由大到强，不仅需要具有国际水平的战略科技人才，更要依仗知识型、技能型、创新型的劳动者大军。西北四省应重点关注人才的培养与吸纳，提供各种优惠政策和待遇吸引或留住人才。学习国内其他发达城市的人才吸纳政策，并提出更有利的人才奖励政策。例如，学习北京市集中表彰在首都经济社会发展中做出突出贡献人才的方式，针对在西北四省各类企事业单位的生产、服务一线岗位中，直接从事技能工作，创造性地解决重大关键技术问题，影响带动作用大，在同行业领域中享有较高声誉，得到业内广泛认可的人员，推荐和评选"有突出贡献的高技能人才"进行表彰。

（三）协同地区创新能力

优化贸易结构，提升贸易便利化水平，不再是通过初级产品或简单的加工产品进行对外贸易，而是通过提升对外贸易产品的内部价值，强化科技创新，打造新的贸易增长点，推动西北四省与中亚国家双边贸易快速增长，实现动力转换，夯实对外开放发展的基础。这要求各级地区政府把好关，制定相关政策加快淘汰落后产能。落后产能的生产能力低于行业平均水平，污染物排放、能耗、水耗等却高于行业平均水平，必须加快淘汰。加快培育发展战略性新兴产业。战略性新兴产业是世界各国产业竞争的重点和焦点。加快发展现代服务业。当前，服务业在经济发展中的地位日益突出，被称为国家经济发展的"稳定器"和"助推器"。加大服务业对外开放，在促进国内服务业供给结构改善的同时，推动服务业"走出去"，在更广阔的空间实现更大的发展。

（四）协同政策支持

西北四省应加快建设自贸区，同时完善自贸区建设相关制度，采取先进的管理制度提高贸易便利化水平，通过深化制度创新，释放政策红利吸引全球企业，打造优质营商环境。如推出税务诚信报告免责体系，鼓励企业诚信主动地向税务部门报告相关情况，对于日后按规定需补缴税款的，可免予罚款及滞纳金。为企业营造具有稳定预期的营商环境，缓解企业资金压力，有效地降低企业的涉税风险等。以制度创新为核心，以开放的态度积极争取赋予自贸区更大的改革自主权，力争在服务国家战略、构建全面开放新格局上取得更大突破，推进与中亚国家建立长效经贸合作机制。

（五）协同应对金融风险

运用监管科技已成为世界各国监管机构的共识。西北四省可以协同运用科技手段，如大数据、人工智能，在后台实时监督地区内资金走向，以此加强金融监管。对于金融风险，一看到有苗头，就分级处置。加强金融从业人员与上市公司的职业操守教育，防范部分上市公司不讲诚信，或随意改变募集资金投向的情况。监管部门应依法从严监管，防止企业"带病"上市，高度重视金融风险的防范和处置。公检法、金融办和信访等部门也要形成合力，优化重大金融案件查处机制，防控金融风险，保障经济社会平稳发展。

（六）协同维护社会治安

随着新丝路建设的推进，西北四省应首先把协同完善立体化社会治安防控体系作为维护公共安全的骨干工程。提高共同维护公共安全的能力水平，有效防范、化解、管控影响社会安定的突出问题，防止各类风险聚积扩散，促进社会安定有序、地区长治久安。其次应与中亚国家积极沟通，加强交流，双方共同建立协同一致的维护社会治安的网络体系，以一致强硬的态度抵制或惩罚破坏边境治安、阻碍各国民心交融、妨碍贸易合作的活动。

第五章　西北四省与中亚经济合作现状及路径选择

区域经济合作理论主要包含绝对优势理论、比较优势理论、资源禀赋理论和区域相互依赖理论。18世纪末，亚当·斯密提出了国际贸易中的绝对优势理论。绝对优势理论是指在国际贸易分工中，每个国家应该生产本国具有绝对优势的产品，并用生产出来的一部分产品与别的国家进行交换，用具有绝对优势的产品交换本国绝对劣势的产品，使每个国家的资源可以得到最有效的利用。大卫·李嘉图继承和发展了亚当·斯密的理论，提出了比较优势理论，认为国家间技术水平的相对差异造就了比较成本的相对差异，世界各国应通过生产劳动生产率差异较小的产品去进行国际贸易从而获利。

1919年，经济学家埃利·赫克歇尔根据资源流动性提出了资源禀赋理论。该理论指出，各国应该集中生产并出口那些本国要素充裕的产品，用来换取那些密集使用其稀缺要素的产品，使各国都可以获取相应的福利。马克思与恩格斯提出了区域相互依赖理论，认为世界经济的发展必然走向相互依赖，把各个极不相同的民族与国家连接成为一个世界性的经济体系，不仅可以促进消除某些民族之间的隔阂，还可以为新世界创造物质基础，如果一个国家选择孤立，那么这个国家就必然处于落后的状态。

新丝路建设是中国在新时期应用全球化思维、立足国际和国内两个市场的基础上提出的伟大战略构想，强调开放包容、和平、合作、互学、互利的价值观念，其核心目标是通过促进区域内的经济要素有序和自由流动、资源的高效配置和市场的深度融合，实现更大范围更高层次的区域合作。这将在促进周边区域经济一体化的同时，为我国地区优势互补、开放发展提供新的机遇，不仅能带动交通设施的完善，提高基础设施的建设水平，同时也能带动各区域内部经济竞争的联动效应，拉动区域内部的经济发展，实现西北地区经济的协同发展。与此同时，西北地区经济发展也会反作用于新丝路建设，逐步扩大新丝路建设的核心区、试验区以及桥头堡等重点区域示范效应的影响范围，提高其国际影响力。

中国既是中亚五国的贸易伙伴也是中亚五国主要的投资来源国。自1992年中国与中亚五国建交以来，随着进出口贸易的不断发展，中国与中亚国家已成为相互间最为重要的贸易伙伴。1992年建交之初，中国与中亚五国的进出口贸易额仅为4.6亿美元。

如图5-1所示，1994—2005年，中国与中亚五国的进出口贸易额不断增加，双边与多边贸易在对外贸易中的比重和经济地位不断提高。尤其是自2001年"上合组织"成立之后，双边贸易额一直保持不断增长。2002—2008年，双边贸易额年均增速已达到53%，显著高于我国整体对外经济贸易额的年平均增速，贸易额由此也从2002年的23.9亿美元上升至2008年的308.2亿美元，增长了大约13倍。2008年的进出口贸易总额比双方建交伊始时增长了66倍。截至2009年年底，中亚五国与我国的双边投资项目总共有288个，合同外资总

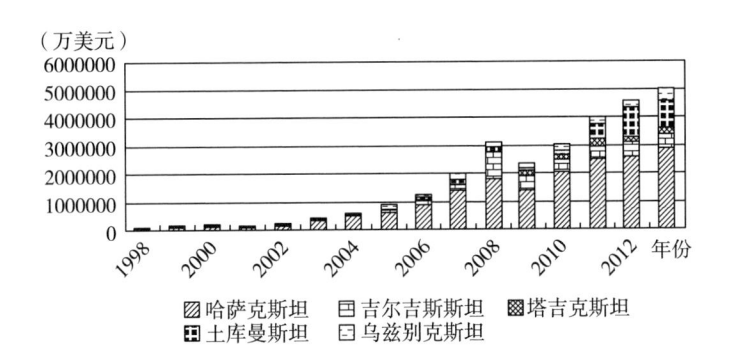

图 5-1 1998—2013 年我国与中亚五国对外经济贸易总额

资料来源：《中国海关统计年鉴》。

计为4.65亿美元，双方新签订的劳务和工程承包合同达45.2亿美元，营业额为35.2亿美元。截至2009年年底，中国与中亚国家的双边贸易额一直保持着稳定的增长态势，2012年达到460亿美元，2013年达到502.7亿美元，与初始建交时相比增长了约108倍。由此可以看出，中国已经成为中亚国家最主要的贸易伙伴之一。

中国能源总体缺油、富煤、少气，中亚地区拥有丰富的石油、天然气等资源。跨区域性的资源合作一直是新丝路建设中重要目标之一，也是实现能源协同发展的基础与条件。新丝路建设的提出与实行，加强了我国西北地区与中亚国家的资源和能源合作关系。西北四省作为新丝路沿线经济发展的桥头堡，具有国家特殊的方针政策、独特的地缘优势特征和独特的文化心理等特点，契合了新丝路建设中实现外向型互惠经济发展的要求。在合作中，引进中亚地区丰富的石油、天然气等重要能源，有利于实现中国能源供应渠道的多元化，推动能源储备向深加工阶段转变，形成经济新的增长点；同时，向中亚国家出口优势产品，有利于增强认同感，促进双方共同繁荣发展。与中亚经济合作会对西北四省的经济起到促进作用，不仅可以提高双方的经济效益，也对维护社会稳定起到积极作用，推动新丝路建设目标的实现。

国内的众多学者对与中亚国家的经济贸易关系进行了分析与总结。章文光（2017）、朱瑞雪（2015）、袁丽君（2014）等对"一带一路"建设背景下我国与中亚国家的经济合作进行了研究，运用大量数据进行现状分析，包括经济现状、贸易现状和投资现状等，指出我国与中亚国家的经济合作增加了双方的贸易总额，但存在许多不可忽视的问题，同时给出了相应的解决方案及应对措施。张乃丽（2016）、徐海涌（2016）、徐艳（2003）等主要对新丝路的核心段——中国西北地区进行了区域经济合作的研究，阐述了中国西北地区与中亚国家经济发展的现状及合作中的内部条件和外部动力，涉及具体中国西北地区的经济发展现状，指出了相关经济发展中存在的问题以及相对应的解决方案。吴素芳（2015）、马勇（2006）、麻海山（2017）、刘庆新（2008）等分别对中国西北地区的经济现状和发展做了详细的说明与分析，希望通过丝绸之路政策的实施带动双方的经济发展，并系统地评析了中国西北地区与中亚国家开展地缘经济合作的条件、潜力等一系列特征。在梳理以上文献研究的基础上，下文将探讨西北四省与中亚经济合作的可行性。

第一节　西北四省与中亚经济合作的现状及存在的问题

一　西北四省与中亚经济合作的现状及特点

（一）宁夏与中亚经济合作的现状及特点

宁夏作为全国唯一的内陆开放型经济试验区，地处我国向西开放的前沿，发挥当地在能源、农业和文化旅游方面的独特优势，积极参与中亚国家的经济贸易活动。尽管有国家的大力支持和位于西部的独特优势，宁夏在我国与中亚地区经济发展史上的地位仍然较低。在近些年的对外贸易发展中，宁夏在与中亚五国经济贸易合作中还是存在很多问题的。

1. 进出口总额较低

据银川海关统计，总体来讲宁夏对中亚五国的进口总额远高于出口总额，2005年至2013年进口总额为5.57亿美元，而出口总额仅为1.92亿美元。自2009年宁夏的进口总额逐渐下调，直到2013年，宁夏由贸易逆差转为了贸易顺差，顺差为1.38亿美元。中国与中亚五国的进出口贸易总额在2013年就已经达到了420亿美元，而宁夏2013年与中亚五国的进出口贸易总额仅为7.5亿美元，占全国进出口贸易总额的不到2%，宁夏的进出口总额仍然较低。

2. 进出口贸易次数较少

据银川海关统计，2005年至2013年，宁夏与中亚五国的进出口商品贸易次数总计仅有134笔。其中仅2012—2013年就达到102笔，这主要是我国对宁夏实行的内陆开放型经济实验区建设和银川综合保税区建设所取得的成绩。尽管如此，宁夏和中亚五国的经贸合作次数仍然很低。

(二) 青海与中亚经济合作的现状及特点

青海位于我国的西北地区,遵循向西开放的方针政策,不断提高对外开放水平,加快发展步伐,与中亚国家发展贸易关系和进行经济合作交流则是关键,也是最重要的内容。中亚国家独立不久,青海就与中亚国家开展了经济贸易上的往来。然而,现阶段双方之间的贸易交流仍然处于较低水平。

1. 进出口总量太小,且贸易交流较为集中

如表 5-1 所示,青海与中亚国家主要贸易在 2002—2003 年锐减,减幅达到了 40% 以上。这种发展态势与中国—中亚五国进出口贸易往来的态势截然相反。然而在 2004 年,青海与中亚五国的进出口贸易又呈现了大幅度的增长,增幅达到了 96.32%。

表 5-1　　2001—2004 年青海与中亚国家进出口贸易情况[①]

单位: 万美元、%

年度	进出口总额	进出口变化幅度	出口总额	出口变化幅度	进口总额	进口变化幅度
2001	599	—	599	—	—	—
2002	337	-43.74	337	43.62	—	—
2003	190	-43.62	162	-51.93	28	—
2004	373	96.32	306	88.89	67	139.29

2. 中亚国家在青海对外贸易合作中处于相对较低的地位

从表 5-2 可以看出,青海虽然对中亚国家有经济贸易往来,但是在青海整体的经济贸易交流中,中亚国家的占比非常低,并且其地位还在一直下降。2003 年和 2004 年青海对中亚国家的进出口总额占青海总体进出口总额的 1% 都不到。

[①] 马勇、吴江:《略论青海与中亚国家的贸易关系》,《青海民族研究》2006 年第 2 期。

表 5-2　　2001—2004 年青海与中亚国家的进出口贸易总额
占本省进出口贸易总额的比重①　　　　单位:%

年份	占本省进出口总额的比重	占本省进口总额的比重	占本省出口总额的比重
2001	292.00	—	4.02
2002	1.71	—	2.23
2003	0.56	0.43	0.69
2004	0.65	0.55	0.67

(三) 甘肃与中亚经济合作的现状及特点

近年来,加强与中亚地区的经济贸易交流与合作已经成为甘肃经济发展的方向之一。2010 年 5 月 2 日国务院办公厅颁布了《关于进一步支持甘肃经济社会发展的若干意见》,该文件更进一步指出,为提高甘肃的对外开放整体水平,不仅要继续深化区域协作,还要全面推进向西开放。在这一大方针的指导下,甘肃于 2011 年制订并启动了大力开拓中亚市场的"走西口"计划,同时随着政策的提出,甘肃与中亚国家的经济贸易交流与合作也越来越多。

1. 进出口结构不平衡

如表 5-3 所示,2013 年甘肃从哈萨克斯坦的进口总额占据了甘肃进出口总额的 98.6%,然而出口额却只占甘肃出口总额的 1.4%,甘肃与哈萨克斯坦进出口贸易存在高额逆差。2016 年甘肃与哈萨克斯坦的贸易逆差达到了 273324 万美元。可以看出,甘肃具有进口数量正在不断增长,而出口数量不断降低的趋势。

表 5-3　　　　甘肃与哈萨克斯坦的进出口贸易　　　　单位:万美元

	2013 年			2014 年			2015 年			2016 年		
	进出口总额	出口额	进口额	进出口总额	出口额	进口额	进出口总额	出口额	进口额	进出口总额	出口额	进口额
哈萨克斯坦	469847	6550	463297	425642	5805	419837	163648	34776	128873	390052	58364	331688

资料来源:《甘肃年鉴》(2013—2017)。

---

① 马勇、吴江:《略论青海与中亚国家的贸易关系》,《青海民族研究》2006 年第 2 期。

2. 经济贸易往来较为集中

甘肃对中亚五国的经济贸易合作中主要对口的国家是哈萨克斯坦。表5-4显示了2011年甘肃与中亚五国的贸易额比重,可以看到,与哈萨克斯坦的贸易占据了与中亚五国总体贸易的99.75%,而与其他国家的经济贸易比重都非常低,与塔吉克斯坦的经济贸易甚至只占0.01%。

表5-4　　2011年甘肃和中亚各国贸易额占甘肃与中亚五国贸易总额的比重

单位:%

国家	哈萨克斯坦	乌兹别克斯坦	吉尔吉斯斯坦	塔吉克斯坦	土库曼斯坦
比重	99.75	0.06	0.12	0.01	0.06

3. 进出口产品较为单一

甘肃主要进口铜矿砂及其相关产品,主要出口一些包装材料、食品加工和生产设备。进出口产品的单一直接导致了甘肃与中亚国家的经济交流有限。

(四) 新疆与中亚经济合作的现状及特点

新疆作为直接和中亚五国接壤或邻近的省份具有得天独厚的地理优势,一直是我国高度重视的地区。中国政府非常重视发展新疆的生产力及其与中亚国家的经济、政治关系。在各地区与中亚国家的经济贸易合作交流中,新疆占有决定性的地位。

1. 与中亚五国的经济贸易总额逐年下降

从表5-5可以看出,新疆对中亚五国的进出口总额总体上在下降,2013年提出"一带一路"倡议后,除塔吉克斯坦外,其余四国达到了2011—2016年的经济贸易总额最高值,然而2013年之后,新疆与中亚五国的经济贸易总额不断下降,尤其与土库曼斯坦的进出口总额在2016年已经下降到5774万美元。

2. 具有贸易顺差优势

从表5-5可以看出,新疆对中亚五国的经济贸易交流合作中除乌兹别克斯坦外,基本保持贸易顺差;2013年乌兹别克斯坦也由贸易逆差转变为贸易顺差。但是在 2014—2016 年,新疆仍然保持着贸易顺差,但贸易顺差一直在减少,与土库曼斯坦的贸易顺差已跌到 5144 万美元。

表 5-5　　　　2011—2016 年新疆与中亚五国的贸易额　　　　单位:万美元

	2011 年			2012 年			2013 年		
	进出口总额	出口额	进口额	进出口总额	出口额	进口额	进出口总额	出口额	进口额
哈萨克斯坦	1059664	66499	393165	116736	713941	402795	1225493	836941	388552
吉尔吉斯斯坦	380556	372071	8485	403899	398308	5091	417290	413392	3898
塔吉克斯坦	17229	168395	3834	140738	136722	4016	158502	157579	923
土库曼斯坦	11824	10640	1184	13849	13188	361	15192	14795	397
乌兹别克斯坦	74142	31699	42443	83111	38472	44639	87194	49175	38019
	2014 年			2015 年			2016 年		
	进出口总额	出口额	进口额	进出口总额	出口额	进口额	进出口总额	出口额	进口额
哈萨克斯坦	1012954	878754	134200	574789	526152	48637	631170	572634	58536
吉尔吉斯斯坦	409776	405974	3802	323737	319972	3765	393691	387364	6327
塔吉克斯坦	201164	200119	1045	139308	137797	1511	126132	125585	547
土库曼斯坦	13291	13013	278	9153	8466	687	5774	5459	315
乌兹别克斯坦	76457	49996	26521	52726	35190	17536	46463	31000	15463

资料来源:《新疆统计年鉴》(2011—2017 年)。

3. 进口额国别差异较大

2011—2016 年,新疆与中亚五国经济贸易交流合作主要集中在哈萨克斯坦和乌兹别克斯坦,与吉尔吉斯斯坦和塔吉克斯坦的交流较少。与土库曼斯坦的交流最少,除 2011 年进口额达到 1184 万美元外,其余年份一直低于 1000 万美元。

二　西北四省和中亚经济合作中存在的问题

(一)进出口贸易严重滞后

西北四省与中亚国家的经济贸易交流中,普遍存在的问题是进出口总额较小、次数较少、结构不平衡、产品结构较为单一，以及进出口贸易主要集中在哈萨克斯坦。

（二）区域经济合作政策协调难度大

西北四省一直是我国重点发展区域，尤其在提出新丝路建设和西部大开发后，因为其独特的地理优势，成为我国和中亚国家经济贸易交流与合作的中坚力量。国家制定了很多有利的经济政策，投入了大量资金，并且帮助西北四省积极吸引外资，加速地区的可持续发展。中国与中亚五国国情和经济发展水平的不同，导致了双方经济发展方针和政策都有所差异，甚至存在相互抵触的情况，这对双方进行经济贸易合作与交流是非常不利的。

同时，由于中亚国家丰富的油气资源，越来越多的国家把目光集中在了中亚地区，我国面临的竞争对手也越来越多，这也导致了区域经济合作难度的增加。此外，中亚国家为了自身经济利益，制定了一系列针对投资者的政策，例如，哈萨克斯坦规定凡是外资企业必须与哈萨克斯坦政府签订地下资源使用合同以后，才可以获得在哈萨克斯坦开采石油、天然气以及其他地下矿产的权利，这一政策不仅增加投资者的压力也影响企业的效益。尽管我国与中亚国家签订了《上合组织多边经贸合作纲要》等一系列经贸合作文件，但是这些文件大多集中于宏观层面，具体问题例如通关、关税减让、资格互认乃至货币一体化等都没有具体政策，经济贸易合作与交流中一旦发生问题，协调难度就会大大增加。

（三）贸易进出口发展的不平衡性与波动性

我国与中亚各国现阶段都处于经济转型期，尽管彼此都存在双边、多边贸易的比较优势，但是经济贸易发展的不平衡性与波动性问题仍然较为突出。第一，西北四省与中亚五国的经贸往来主要集中在哈萨克斯坦、乌兹别克斯坦和吉尔吉斯斯坦三个国家，与土库曼斯坦和塔吉克斯坦的经济贸易合作相对较小，进出口数额也相对较少。西北四省除新疆外普遍存在较大的贸易逆差。第二，中亚五国吸收中国产品与服务的能力存在较大差别，并且具有一定的波动性。我国与中亚五国开始时经贸往来增长非常显著，但是随着双方经济的不断发展，1998—2001年进出口额表现出了波动性和低幅度的增长态势，并且在2001年以后呈现出了下降的趋势。近年来，没有显著的提高趋势，尤其是新疆，自2013年以来与中亚五国的进出口总额一直在下降。

（四）极端宗教文化的渗透

极端宗教文化不仅影响我国与中亚五国的经济贸易合作与交流，也阻碍我国西北地区的稳定和发展。一些对宗教狂热的人企图建立恐怖组织，煽动教民推翻国家的统治，甚至侵入新疆地区，组织暴乱，企图把新疆从中国版图上分裂出去。我国西北四省中信仰伊斯兰教的人众多，这虽是与中亚五国在交流方面独特的优势，但一些民族分裂主义分子由于盲目信仰，在中亚地区进行大量的分裂破坏活动，例如军事冲突或者人质事件。这些反动势力的活动严重危害了我国在中亚国家投资企业工作人员的生命安全，也对双方区域经济合作造成损失、产生破坏作用。

第二节 西北四省与中亚经济合作的可行性及途径

一 西北四省与中亚合作的可行性分析

（一）地缘优势突出

西北四省与中亚地区独特的地缘优势使双方开展经济合作具有可能性与必然性。交通便捷、运距较短、运时较少、运费较低等特点大大降低了双方贸易的交易成本。例如，新疆是与中亚五国开展贸易合作的重点地区。自1992年中亚五国通过新疆与我国开展贸易活动以来，新疆作为与中亚国家开展经济贸易活动的主要地区其地位从未改变。1998年新疆与哈萨克斯坦的贸易额已经达到5.6亿美元，与吉尔吉斯斯坦的贸易额达到2.02亿美元，与乌兹别克斯坦的贸易额为6017.5万美元，占当年我国与中亚贸易总额的86%。随着中国与中亚五国经济合作的不断加深，不仅新疆，其他省区在中国与中亚五国经济贸易合作中也占据着越来越重要的地位。

(二) 经济互补性

中亚地区地处欧、亚、非三大洲的结合部,也位于亚欧大陆的中心,因为富含丰富的自然、土地、能源、矿产等资源,被各国称为21世纪的资源以及战略能源主要基地,也因为其重要的地缘战略地位成了众多大国博弈之地。自2003年至今,中国与中亚五国相继签订了多个能源合作协议,在能源领域开展项目承包和投资建设,尤其在能源管道建设方面,西北四省积极响应国家政策,积极配合中—哈原油管道和中国与中亚天然气管道与国内西气东输线路的相互连接,打通了从中亚国家向国内运送原油、天然气的主要通道,为中国经济发展提供重要的能源保障。塔吉克斯坦的有色金属资源、吉尔吉斯斯坦的黄金等贵金属对中国的出口量均超其出口总量的1/3。资源上的互补性直接影响了双方经济贸易发展交流的不断加深。在经济领域,中国向中亚提供国际经济援助,帮助中亚国家积极发展国内经济,营造良好的经济发展环境,也为中国公司入驻中亚各国发展经济贸易提供了便利条件。

(三) 对中亚投资比重逐年增长

中国与中亚国家的经济贸易交流主要以西北四省为主,然而西北四省与中亚五国的投资合作相较于贸易合作开展较迟,随着整体投资能力的不断提升,对中亚五国的投资规模和合作领域也不断扩大,一大批大型合作项目已经启动实施。例如,兰州的瑞达进出口贸易公司在哈萨克斯坦的阿拉木图投资了大量资金,建设果蔬保鲜库和相关销售市场的项目;从投资范围来看,在中亚国家的投资主要集中于石油勘探与矿产资源开发、基础设施建设与改造、电力以及农副产品加工等方面,其中,新疆著名的塔城国际资源有限公司以及西部矿业公司在吉尔吉斯斯坦的投资均有一定的代表性。驻哈萨克斯坦的新康食品有限公司在农副产品加工领域利用当地资源生产大量的番茄制品,曾经连续10年获得哈萨克斯坦番茄及果酱业最佳企业称号。中亚地区已经成为中国相关能源企业开展境外投资和经济技术合作的主要热点地区,未来的合作潜力十分巨大。

二 西北四省与中亚经济合作路径选择

西北四省与中亚国家的经济贸易交流与合作在很多领域如能源、投资等方面都已经取得了一定的成果，但是往来次数较少，投资总额较低，合作仍然处于初级阶段。从以上分析可知，西北四省与中亚国家经济合作潜力和发展空间较大，与中亚各国的经济贸易交流是新丝路建设的必然选择，随着双方经济贸易交流的不断加深，合作效益将不断增长。随着社会的发展，西北四省与中亚经济合作不是短期贸易往来，而是长期的经贸、人文、社会等多领域的互联互通，需要广泛开展区域合作，合理规划、有效统筹、积极推进与中亚国家的交往。各级政府要加强沟通和交流机制，整合资源，特别是加大重大项目规划，选择项目合作，依托项目合作，"引进来"与"走出去"双管齐下。通过协同定期举办经贸活动发挥各地优势产业，积极开拓与中亚国家的合作，扩大贸易规模，提升贸易层次。

(一) 推进与中亚经济合作开发区建设

中国已经批准建立了多个经济区促进区域经济合作，实现区域经济可持续发展。为了进一步加强西北四省的发展，应积极调整产业结构，依托经济区建设，集聚产业，延长产业链，形成规模，上下游互动。做好城市功能定位、产业布局与分工，打造特色产品，构建先进制造业基地，加快农业现代化，提升教育科技服务能力，共同实现中心城市与城市群的协同发展，带动经济快速和可持续发展。经济区建设发展中，各经济开发区要特色分明，定位清晰。有效利用中亚国家优势能源、资源，合理组织专业化分工，实现资源要素的优化配置，扩大双方间的经济贸易合作与交流，实现互利共赢。

(二) 加强与中亚国家的文化产业合作

中国西北四省与中亚国家的文化价值观念、风俗习惯、语言文字和宗教信仰具有一些共同点，这为西北四省与中亚国家文化产业合作提供了文化载体，降低了边境贸易的沟通成本，间接性地提高了双方之间的信任度和认同感。随着新丝路建设的推进，西北四省与中亚各国之间合作不仅需要贸易设施的"硬"支持，还需要文化交流的"软"环境。西北四省可以搭建具有国际性的文化交流平台，发展文化旅游等相关产业，以旅游合作的方式增强地区间的文化认同感，加强与中亚国家的文化交流，为更好地融入与中亚国家的经济贸易交流提供合作"软"环境。

西北四省应协同开展少数民族文艺会演、少数民族美术作品展；鼓励双语优秀文化作品互译，积极推荐少数民族作品纳入"丝绸之路影视桥"工程和"丝路书香"工程；实施设立文化生态保护实验区文物保护工程，加强少数民族非物质文化遗产集聚区整体性保护；多角度多方式探索民族地区文化服务新模式、打造民族文化艺术精品、弘扬民族文化、彰显民族精神，推进民族文化产业发展，加大文化对外输出，推动民族文化资源进入中亚市场，形成一定规模的民族特色文化产业，打造特色民族文化活动品牌。推进特色文化产业发展工程、丝绸之路文化产业带、少数民族文化产业走廊等重大文化产业项目建设。

（三）重点发展特色产业、互补性产业

宁夏作为回族聚集区，清真食品、轻纺产业、现代农业和人文旅游都是特色产业，尤其是清真食品完全对口中亚五国，然而宁夏的外贸出口产品并没有凸显区域特色。在未来与中亚五国的经济贸易中，宁夏可以大力推广特色产业，增加出口。青海作为我国西北地区的重要省份，有着独特的地理优势，可以加强双方的经济贸易关系，这将有利于青海与中亚五国之间进行交流并且开展经济贸易活动，尤其是可以开展民族贸易活动。甘肃位于新丝路节点上，应把握地理位置优势，大力发展本省经济，优化产品结构，发展特色产业，并且进一步鼓励当地企业"走出去"，积极与中亚各国进行经济贸易上的往来，尽快使产业合作变为现实。新疆应该充分发挥比较优势，积极调整产业结构，完善贸易交流与投资环境。

经济互补性第一是指同一产业层次中的要素禀赋差别，第二是指不同产业层次间的产业结构差别。例如，中亚国家具有棉花等农产品丰富和能源储备充足的优势，西北四省的钢铁、化工等大型企业竞争力较强。一方面，西北四省可以引进、共同培养农业优良品种及规模化种植，深化与中亚的农业合作。另一方面，积极寻找产品合作结构上的空白点，创造新的产品与服务合作模式；扩大已有的产业合作规模，完善产品合作的衔接；在特定的产品项目与合作领域进行更加专业化的分工，根据自身优势和生产技术进行深层次的合作与交流。

（四）加强与中亚国家的金融及旅游服务业合作

西北四省地区应持续优化投资环境，降低中亚国家外商投资准入标准，加大外商投资对外开放力度；简化外商投资程序步骤，提高外商投资便利度，为外商投资提供公平的投资机会，推进西北四省开放型经济发展。构建对内、对外双向开放体系，积极进行投资环境改革，努力提高对外资企业的服务质量和水平，引进外来资本，将其建设成为富有吸引力的投资热土。应尽快落实金融服务实体经济相关政策，协同开发多种融资工具，积极完善资本市场，推动产业政策与金融服务良性互动。要增进征信体系和评级机构信息的跨境互动，积极构建完善的金融监管网络，与中亚各国建立金融监管协调制度。

旅游业已成为全球经济中发展势头最强劲和规模最大的产业之一。西北四省拥有许多独具特色的自然风景和人文资源，旅游业后发优势明显、发展潜力大。西北四省协同发展生态旅游，发挥自身环境优势，让绿水青山成为真正的"金山银山"，打好"特色牌"是旅游业发展的制胜之道。可以协同利用辽阔的草原、森林、沙漠、边境、民族风情、历史文化遗迹等规划特色旅游项目，重点打造一批温泉养生、沙漠探险、航天之旅等全域旅游、四季皆游的特色旅游景区，进一步满足中亚游客的旅游消费需求。协同完善旅游业相关产业服务一体化建设，建设具有世界影响力的国际旅游消费中心，提升相关服务水平，建设特色旅游聚集区，打响国际生态旅游的名牌，努力把西北四省打造成为展现中华民族团结和多彩民族文化的重要窗口，吸引中亚游客联谊交往。

（五）共同协商创造良好的经济合作环境

一直以来，民族分裂主义、宗教极端主义、国际恐怖主义"三股势力"给中亚各国以及中国带来了严重的安全威胁，同时也对西北四省和中亚国家的经济贸易合作产生负面影响。区域相互依赖理论指出，世界的发展是逐渐走向一个整体的，经济贸易交流是必然的。中国应该制定相关的政策和运用高效的手段打击这些不良势力,防止其与民族地区的分裂势力相勾结;中亚各国也应该重新审视和合理调整其民族政策,取消民族歧视相关政策,完善民族管理制度,保证各民族利益,加强国际的合作,严厉打击"三股势力",共同加强投资贸易的环境建设,为经济合作交流营造一个稳定、安全、良好的贸易合作环境。

优化提升营商环境,拓展合作领域。营商环境是指市场主体在进入市场过程中受到的市场准入、生产经营、市场退出等外部因素和条件。营商环境是影响西北四省全面开放、发展的重要因素。西北四省与中亚五国的合作需要地区之间加强合作,减少分歧,管控矛盾,求同存异。因此,在新丝路建设背景下,各地区应在现有的环境下,积极创造条件,加快本地区的自贸区建设,有效对接,逐步与中亚在一些重点领域开展合作。便利化、制度化的营商环境是新丝路建设的重要保障,首先,给予不同所有制企业公平的待遇,废除妨碍市场竞争的各种制度,取消市场壁垒;其次,强化产权保护制度,保护企业自主生产经营的积极性,推进诚信建设,维护诚信经营环境,及时披露政府、企业、个人等失信信息;最后,进一步完善政府行政审批服务标准化建设,推进营商环境评价体系建设,共同协商创造良好的经济合作环境,促进西北四省和中亚国家合作。

第六章 西北四省与中亚科技及智慧旅游合作

随着全球经济增长速度变缓,中国的经济进入"新常态",根据经济增长理论可知,科技创新成为拉动一国(地区)经济增长的动力之一。旅游业在区域经济发展中的产业地位、经济作用逐步增强,旅游业对城市经济的拉动性、社会就业的带动力以及对文化与环境的促进作用日益显现。

第一节 西北四省与中亚科技合作 SWOT 分析

随着全球一体化进程不断深化和发展,国家和地区之间的合作与交流日益深入。大量研究科技合作的成果表明,科技合作是促进欠发达国家和地区科学技术迅速发展的必然选择。

一 区域科技合作的新特点

区域科技合作研究中,一些学者关注区域之间科技合作交流中存在的问题、战略定位、推进思路、重点领域、区域演进等战略构想。[1][2]

---

[1] 代霞、刘峰:《"两岸三通"后深圳与台湾科技产业合作战略研究》,《科技管理研究》2011年第7期。
[2] 曾小红等:《海南省科技合作创新现状及其发展对策》,《热带农业科学》2018年第1期。

还有些学者关注区域之间科技合作的影响因素。[1][2] 另一些学者探讨了区域科技合作的政策建议。[3][4][5][6] 区域科技合作模式方面，黄敏聪（2016）探讨了海上丝绸之路核心城市与区域科技合作的形式；黄静茹、白福臣、张苇锟（2017）探讨了中国广东同新加坡、马来西亚、泰国、印度尼西亚和菲律宾等国建立的联合开发模式及技术输出型合作模式。区域科技合作的特点总结如下。

（一）科技合作趋于多元化

随着政治、经济、科技等各方面的互信友好不断加强，区域间通过经济援助、技术支持等方式推广科技合作与交流。通过政治、经济与社会各界的共同作用，区域科技合作呈现多样性和多元化发展趋势。一方面，各国政府改革进程持续推进，不断改善科技投资环境，完善人才激励机制，积极吸引国外科技产业投资。另一方面，各国和地区随着经济改革的发展，促进科技人才流动性，科学研究与技术创新条件发生了巨大的变化。

（二）科技合作阶段提前化

科技合作是指科学技术的引进、消化、吸收，以及在创新过程中的合作与交流。其阶段提前化是指不仅关注科技合作中科研人才的吸引与引进，而且转向科技人才的培养阶段。科学研究与技术创新的活动主体是人才，为了更好地应对全球科技人才竞争，建设具有优势的科技人才，各级政府不断加大对科技人才的教育投资力度，不断加强对青少年有关科技发展方面的知识教育，吸引和鼓励更多青少年进入

---

[1] 宋振华：《云南高校与东南亚企业教育科技合作关键影响因素识别》，《昆明理工大学学报》（社会科学版）2017 年第 8 期。

[2] 马敏象、张维、尚晓慧：《中国与东南亚、南亚科技合作战略与对策研究》，《云南科技管理》2015 年第 1 期。

[3] 韦晓慧：《海上丝绸之路核心城市与区域的科技合作战略研究》，《科学管理研究》2017 年第 6 期。

[4] 王明学：《落实两个战略推进国际科技合作》，《甘肃科技》2016 年第 14 期。

[5] 张剑波、李常有、孙吉红等：《创新合作背景下云南科技创新合作行动方案研究——以孟中印缅科技创新合作为例》，《经济师》2018 年第 11 期。

[6] 范英杰、刘丛强：《欧盟科技国际合作战略分析及启示》，《中国科学基金》2017 年第 4 期。

科学研究领域；还支持和鼓励科技企业与国外的知名高校、科研机构与创新型企业研发机构建立长久、稳定的合作关系，并吸引优秀的科技人才成为区域科技创新合作力量。

（三）科技人才共享与培养

各国在不断改善国内科技人才储备的同时，也重视培养本国人才与引进国外人才的平衡。通过发挥人才优势与合作交流，并通过国际合作的形式共享高科技人才，在高科技人才的双向流动中实现共享科技人才收益，实现合作与共赢。

科技合作的目的主要是通过相互引进技术、出口技术和开展其他活动（资源开发），发掘两地发展的优势，相互学习经验和优点，相互合作、促进科技发展。企业间科技合作的目的主要是引进人才、吸引资金、引进技术和出口高新技术产品。随着中国经济社会发展的趋势和需求变化，引进技术更倾向于通过资源、跨境战略联盟等方式开展。

借鉴部分学者采用的 SWOT 分析法，在梳理相关文献研究的基础上，探讨西北四省与中亚科技合作的战略。

二 西北四省与中亚科技合作的 SWOT 分析

（一）优势分析

西北四省与中亚由于特有的区位优势、资源优势，具有经济互补性。中国和中亚国家在地质调查、有色冶金、农牧业、新能源、地震等科技合作方面取得了突出成绩。双方积极在工业、农业、畜牧业、资源、服务业、生态、环境保护和高科技领域开展合作。

（二）劣势分析

首先，西北四省的科研基础设施条件有限，仪器设备投入成本高，平均使用期限长，科研设施和设备需要及时更新。其次，引进人才成本高，自然环境恶劣，收入水平较低，很难吸引真正有能力、有技术的科技人才。最后，政策和制度的支持不够，地区经济发展水平较低，财政对研发的投入不能满足科研的需求，与其他地区的科技合作与交流的程度相对较低，合作缺乏连贯性。

（三）机遇分析

新丝路建设为西北四省与中亚各国科技合作提供了发展机遇，建立自由贸易区、建立经济带核心区、创建发展试验区等一系列政策和措施，为西北四省建设具有重要影响力和辐射力的科技中心和产业合作基地提供了新机遇。"中国—中亚科技合作中心"建设为新疆与中亚农业科技合作提供了平台，推进了两地区间的科技合作。

（四）挑战

西北四省部分科研机构对与中亚国家开展科技合作的重要性认识不足，不清楚、不熟悉中亚国家科技水平程度，项目合作的前期研究和前瞻性研究不充分，认为对技术装备改造所需的相关投入没有必要的研究。这些方面确实影响西北四省与中亚科技合作的实施效果。

西北四省与中亚科技合作的 SWOT 分析见表 6-1。

表 6-1　　西北四省与中亚科技合作的 SWOT 分析

内部能力因素＼外部因素	S（优势） 1. 西北四省与中亚之间有很大的互补性 2. 西北四省与中亚地区能源丰富	W（劣势） 1. 科研科技基础设施条件有限 2. 引进和培养中亚科技人才的支持力度不足 3. 科技合作资金投入不足，合作缺乏连贯性
O（机遇） 1. 新丝路建设为西北四省与中亚地区的科技合作带来了机遇 2. "中国—中亚科技合作中心"建设为西北四省与中亚农业科技合作提供了平台	SO（策略） 加强西北四省与中亚地区政府间的合作	WO（策略） 1. 对科技合作的重视度更高，加大资金支持 2. 税收优惠激励
T（挑战） 1. 西北四省与中亚地区科技合作存在非经济因素的干扰 2. 国家经济科技发展优先策略缺位 3. 对与中亚国家的合作认识不到位	ST（策略） 1. 加快制度建设，完善双方科技合作机制 2. 鼓励社会中介组织参与合作	WT（策略） 1. 对现有的基础设施加大保护力度，并在未来投资其他的基础设施建设 2. 充分支持与中亚地区的合作 3. 重视人才培养

三 西北四省与中亚科技合作战略选择

（一）政府间的合作

政府既是国际科技合作的重要参与者和推动力量，也是国际科技合作过程中多主体竞争的协调者和秩序的维护者。鉴于科技合作周期长、规模大、利益主体广、战略意义长远等特性，双方政府的支持和参与是合作进程中必不可少的组成部分。随着双方在科技方面合作的深度和广度的不断推进，在科技工作者、研究机构、大学群体和企业等领域合作的基础上逐渐拓展至双边经济发展战略、生物质能、矿产资源开发及利用等的合作。在此背景下，建立由政府引导的长效合作机制显得十分必要，应巩固现有的科技合作法律基础，不断完善基础合作制度，提升双方合作的基础设施水平，推动形成科技合作创新体系，培育高效、科学的管理群体。

（二）完善科技合作机制

科技合作的复杂性、风险性、敏感性不言而喻。为此，双方应加强政策的沟通和协调，制订并实施切实可行的计划，积极引导企业、大学、机构和个人参与制度的建设和计划的实施。制度和法律作为合作顺利推进的保障条件，有利于健全合作市场激励机制。健全合理的系统是市场高效稳定运行的基础，其本质是制度化的合作方式，合作机制完备与否直接影响合作能否顺利开展，应建立健全制度建设，完善协调机制。就市场主体而言，有效的激励是其开展市场经营的驱动力，合理的激励机制能够调动企业开展科学技术创新的积极性和热情性。有目的性地针对合作进程中出现的人才、资金、技术、政策、制度等瓶颈，加大财政、税收、金融、政策等优惠措施的支持。

（三）重视人才培养

人才是国际科技合作顺利实施和长远发展的基础与保障，重视人才的建设与培养关乎国际科技合作的实际效果。基于西北四省与中亚地区的实际情况，双方可尝试构建人才培养和平台建设的合作模式，造就一批年轻、高效、精进的科研人才。

（四）社会中介组织参与

鼓励双方的社会中介组织参与科技合作，分担国际合作处过多的事务。通过培育社会中介组织，壮大国际合作中介机构的力量，为双方的科技合作项目保驾护航。目前双方的科技合作的绝大多数任务由国际合作处承担，面对双方合作进程的加快和合作水平的提离，国际合作处对所有的事务和问题应接不暇。充分发挥双方社会中介组织的优势，承担合作过程中政府及企业无法做到、无暇顾及或难做好的事务。例如，合作过程中遇到的法律法规冲突、产品标准不详、语言沟通困难、风俗习惯不熟等问题可由社会中介组织解决。

（五）税收优惠激励

税收作为政府调节市场经济行为的重要手段之一，其调控作用深刻地影响着市场主体的行为。充分利用税收的调控作用，支持双边科技企业的创新活动和产业升级转型。税收对于科技合作的作用体现在减税和经济效应方面，在企业的升级转型和产业结构调整过程中，税收的限制性和激励作用更加明显。应重视税收对双方科技合作的作用，从政策和机制层面入手，通过实施减税免税、多贡献多奖励等实质性激励措施，鼓励企业主动参与双边科技合作。

第二节　西北四省与中亚科技合作路径

一　问题的提出与研究现状

中国西北四省和中亚国家具有地缘的相互依存性和经济资源的互补性。随着科学技术的加速进步，科技在经济增长中的贡献越来越大。科技合作指在相关政策的扶持下，通过高校、科研机构等主体对相关科学技术和知识的共享、借鉴、融合和创新，实现国家或区域科技进步和经济发展的合作行为。

以罗默、卢卡斯为代表的一批经济学家认为，经济体系的内部力量导致经济的持续增长。新经济增长理论高度重视知识溢出、人力资本投资研究与开发等方面的研究。要想实现西北四省根本性的发展，须充分发挥后发优势和比较优势，创新驱动经济增长，缩小与发达地区的发展差异。熊彼特最早研究创新与经济发展的关系，强调组织与创新技术活动链条，为区域创新理论奠定了基础。弗里曼、库克等进一步研究拓展其外延，认为创新合作是地理上相互关联的企业、高校、研究机构、公共部门等区域性组织体系，通过一系列创新行为，生产、互动、更新、转化新技术和知识的合作行为。赫克歇尔与俄林提出的资源禀赋理论，认为任何地区拥有的资源都是有限的，各个地区之间存在一定的关系，为了获得自己没有的资源必须与外部环境进行交换。在科技创新合作的过程中，注重通过分析各地区科技资源禀赋差异来合理配置区域内科技创新要素的流动与共享，使区域资源得到充分的整合与利用。

通过对已有文献的梳理，发现部分学者强调新疆与中亚科技合作的重要性。卢燕（2009）以新疆师范大学为例，探讨新疆高校与中亚五国开展科技合作过程中的问题及模式。贺西安（2011）等从科技合作的基础、优势、成果、问题和难点、对策和建议5个方面，探讨中国新疆与中亚五国的科技合作。华锦木等（2014）通过问卷数据和访谈，对新疆与中亚五国科技合作的现状和存在的问题进行了描述和归纳分析，发现新疆与中亚五国的科技合作格局已经形成，但是实质性的合作较少且合作的领域极其有限。朱新鑫等（2017）提出在与中亚农业科技合作方面，通过联合建立研究中心实现农业科技援助，可使新疆和中亚利益有所连接且趋同，从而实现共赢。

部分学者关注中国与中亚科技合作现状，景民昌等（2018）利用SCIE数据库收录的中亚五国科学论文数据，用计量学方法做了科技合作的现状分析。发现"一带一路"倡议提出后，中亚五国的国际科技合作增速较快，但各国发展水平极不均衡；中国与中亚五国的科技合作集中于化学、工程、地质等领域。凤香、周芳（2017）提出，在新丝路建设背景下，中国与中亚国家需要加强政府层面的合作，从而推进中国与中亚地区企业、高校、科研机构之间的科技合作。随着科学技术在经济发展中的作用日益加强，区域间的科技合作与跨区域的科技合作不可避免地将成为创新发展的新趋势。

二　西北四省与中亚科技发展现状

（一）中亚五国的科技发展现状

中亚五国的科技体制从1991年独立以来，基本沿袭了苏联时期的模式。五个国家由于经济实力、人才储备以及资金投入和产业结构等方面的差异，科技的发展状况也有所不同。乌兹别克斯坦承袭了苏联时期的产业布局，故而在农业、冶金及航天技术和天文等领域的科学技术基础较好；哈萨克斯坦拥有丰富的能源资源，其发展多为基于资源禀赋的传统产业，因此，在能源开采、化工、畜牧及核能和航天等领域形成了一定的科研基础；土库曼斯坦由于受到其地理环境的影响，在荒漠研究领域位居独联体国家前列；塔吉克斯坦和吉尔吉斯斯坦虽然整体的经济发展水平和科技水平较低，但是基于自身的资源优势，在水资源的开发和地质勘探等领域也积累了一定的经验。

数据显示，2016年中亚五国共有科研机构1035个。在科研人才的培养方面，近些年虽然科研机构和科研人员有所增加，但科研力量总体的水平依然较低（见表6-2）。[1] 从表6-2中可以看出，乌兹别克斯坦的科研机构数量位居榜首；哈萨克斯坦的科研机构数量位居第二，且比上年有小幅的减少。除此之外，其他几个国家的科研机构数量相对较少。乌兹别克斯坦研究人员的数量最多，科研人员结构中博士和副博士的数量也较多，但是百万人口中的科研人员数却不及哈萨克斯坦和塔吉克斯坦。

除此之外，中亚五国的经济发展水平也存在较大差异。2017年世界银行的统计显示，中亚五国的GDP在世界各国中的排名分别为哈萨克斯坦第55名、乌兹别克斯坦第85名、土库曼斯坦第88名、吉尔吉斯斯坦第145名、塔吉克斯坦第147名。可以明显看出其中的差异。由于中亚五国人口的差异，人均收入水平也不尽相同。哈萨克斯坦被列入中等收入水平，土库曼斯坦为中下等收入水平，乌兹别克斯

---

[1] 吴淼等：《中亚五国科技实力对比分析》，《世界科技研究与发展》2018年第5期。

坦、吉尔吉斯斯坦及塔吉克斯坦均属于低收入国家。① 中亚五国的科技发展水平随着经济的发展也在逐年上升，各国对科技的重视程度也在逐年提高。

表6-2　　　2016年中亚五国科研机构与科研人员数量　　单位：家、人

国家	机构 数量	机构 相比2015年	人员 总数	人员 博士	人员 副博士	百万人口中科研人员数
哈萨克斯坦	383	-7	22985	2777	4723	1300
乌兹别克斯坦	437	114	31916	2242	8200	1031
吉尔吉斯斯坦	78	-5	4496	394	1144	732
塔吉克斯坦	94	—	10304	794	2975	1178
土库曼斯坦	43	—	—	—	—	—

（二）西北四省的科技发展现状

通过查阅西北四省统计年鉴，运用科技相关指标（见表6-3）对西北四省的科技发展现状做出分析。

从表6-3中可以看出，西北四省科技发展的现状存在一定的差异。新疆的高校数和科研机构数量最多，甘肃次之，宁夏和青海相对较少。在从事科学研究的人员里面，科研人员多从事试验发展领域相关工作。新疆和甘肃的科研人员数量较多，宁夏和青海分别位居第三和第四。在科研支出方面，新疆和甘肃虽然总的支出额度较大，但是占GDP的比重却小于青海和宁夏，可见各省（区）之间的科研支出水平也存在一定程度的差异。

通过查询各省份的统计年鉴，得出各省（区）的经济发展水平。从表6-4可以看出，新疆GDP最高，达9649.70亿元，甘肃、宁夏和青海分别排名第二、第三和第四。若以人均GDP从高到低进行排序，宁夏排名第一，青海次之，新疆和甘肃为第三名和第四名。这些

---

① World Bank, *World Development Indicators Database*, 2018-07-01, http：//databank.worldbank.org/data/download/GDP.pdf.

数据表明，西北四省的科技发展与经济增长之间并没有形成明显的关系，科技对经济增长没有起到应有的助力作用。

表 6-3　　　　　　　　　　2016 年西北四省科研状况

省份	机构（家）		人员（人）				资金	
	高校	科研机构法人单位数	总人数	基础研究	应用研究	试验发展	R&D 总支出（万元）	占 GDP 的比重（%）
新疆	49	8275	16947	3527	4586	8834	566301.3	0.59
甘肃	49	5268	15460	5705	1684	8071	204123.5	0.28
宁夏	18	1880	9004	1511	1353	6140	299269	0.94
青海	12	1940	6188	783	523	4882	328403	1.28

资料来源：各省份 2016 年统计年鉴。

表 6-4　　　　　　　　　　2016 年西北四省经济状况

省份	GDP（亿元）	人均 GDP（元）
新疆	9649.70	40564.00
甘肃	7200.37	27643.00
宁夏	3168.59	47194.00
青海	2572.49	43531.00

资料来源：各省份 2016 年统计年鉴。

（三）双方科技合作领域

2002 年，"中俄哈蒙阿尔泰区域合作国际协调委员会"的成立正式开启了"四国六方"在科技、经贸、交通、教育、文化、旅游等领域的合作。2010 年 5 月，在上海合作组织成员国首届科技部长会议上，新疆被吸收成为"常设科技合作工作组"成员之一。2012 年 7 月中国决定在新疆成立"中国—中亚科技合作中心"，目的是促进新疆和中亚合作的深入发展。目前，中国西北四省和中亚五国的科技合作按照合作领域主要分为农业科技合作、能源开发技术合作及高校间的科研合作。

2015年8月，农业科技合作被确定为一个重要的分中心。经过多年的合作与经营，通过农业科技合作项目和农业科技人才交流与培训，中国新疆与中亚五国在种子资源与品种交流互换、农业生产技术的交流与引进、共建联合实验室和农业合作示范园区等方面开展了大量的合作，在合作的过程中坚持农业科技引进与技术输出并举，合作水平与层次已初步实现从低级到高级、从松散到紧密的转变，农业科技合作的领域也在不断拓宽，合作的形式和途径也变得更加丰富。

近年来，新疆与中亚国家以农业科技合作为平台，在多方面展开了合作，包括种植资源的共享、生产技术的交流、联合实验室和农业合作示范园区的开发等方面。实现了从最初的低级合作水平到高级水平的转变，这种转变不仅体现在日益丰富的合作途径和形式上，而且还表现在不断拓宽的合作领域上。宁夏在现代种植方面已有一定的成果，立体套种粮菜间作技术、秸秆养牛养羊技术、杂交水稻技术等在世界都处于领先地位。宁夏的现代农业技术发展良好，拥有与设施和农业相适应的新技术、新品种和新材料，中亚五国的设施农业发展相对落后，仅相当于20世纪90年代的水平。

从已有研究来看，在与中亚国家的科技合作中，西北四省高校尚未发挥出天然的地域优势。近些年，新疆大学与中亚国家的合作达25次，但合作的国家只有3个；新疆医科大学、兰州理工大学只有1个，合作范围过于狭窄；兰州大学合作范围较广，与中亚五国中的4国有过合作关系，但合作次数都较少，仅8次。[1] 这一方面可能是中亚国家更愿意与中国科研水平较高的东部院校进行合作；另一方面也可能是西部院校在观念上的开放还不够。西北四省院校应该主动借助新丝路建设的"东风"，大力发挥地域优势，深度挖掘与中亚国家的科学合作潜能。

西北四省与中亚可以通过技术人员的交流与合作，在以下领域有所作为。（1）生态与农业领域，主要在良种培育，植物保护，荒漠治

---

[1] 景民昌、张芹、于迎辉：《"一带一路"背景下中亚五国的科学发展及其与我国科学合作研究》，《情报探索》2018年第7期。

理与土壤改良，节水灌溉和果蔬栽培，牲畜良种繁育与改良，草场的保护、利用与改良，家禽饲养，林业发展等方面促进现代农业和技术的合作。（2）工业领域，中亚国家在冶金、矿业、燃料工业、化工、机械、电子工业技术等领域，有着独特的技术优势，但其轻工业（主要包括轻纺工业、民用品工业、造纸业、塑料工业和食品工业）生产技术非常薄弱，轻工业比重一直以来很低，亟须引进他国先进的技术和资金，促进本国轻工业的发展。

（四）双方科技合作存在的问题

1. 合作主体方面

一是中亚五国与中国政府为双方的科技合作提供的制度支持欠缺，体现在签订和落实协议不及时，合作机制缺乏规范化和优化；二是高校和研究机构参与较少，体现在双方合作攻关和创新成果较少；三是合作主体缺乏规模，合作主体是一般的企业，大型的知名企业参加得甚少，合作水平低；四是中介信息服务不对称，主要体现在服务机构数量规模小，信息渠道面小不能够将双方的信息串联起来。

2. 合作模式方面

技术引进和输出、互访交流是西北四省与中亚五国科技合作的主要模式。双方在基础研究、高新技术、管理技术、人才培养等方面开展的交流与合作较少，联合攻关、集成创新面窄且力度小，合作模式单一，缺乏跨区域、跨国家之间的合作，而且合作机制不健全，缺乏长远的合作战略。

3. 合作环境方面

首先，在保障科技发展的法律法规方面，中亚五国保障科技发展的法律、法规和合作机制不够健全，有关国际合作与开发的相关文件约束性不强。其次，中亚五国的科研投入少而且地方保护意识较强，这不利于双方的合作交流；西北四省的科研设备落后、更新能力差，而且科研机构和企业缺乏创新力。最后，在科技合作中过分依赖于外方的资助，合作中缺乏长远的目标，大多数是短期的行为而且对吸引资金、设备、技术和人才等方面的重视程度不够。

三 西北四省与中亚科技合作的可能性及路径选择

（一）科技合作的可能性

1. 科技发展现状相似且各具特色

通过对西北四省和中亚五国科技水平的现状分析发现，无论是西北四省还是中亚五国，从整体来看，由于经济实力及产业结构的差异，两地科技发展水平各异，各有优势。中亚五国中，乌兹别克斯坦在农业、冶金、航空及天文等领域有相对较好的科技基础；哈萨克斯坦得力于传统产业和资源禀赋，在油气开采、化工及畜牧业等领域的科技水平相对较突出；土库曼斯坦的荒漠研究技术位列世界前茅；塔吉克斯坦和吉尔吉斯斯坦虽然经济水平有限，但是其水资源开发和地质勘探技术也有借鉴之处。西北四省中，新疆依托其独特的地理位置和自然环境，在农业、生物工程及医学等领域取得了较好的成绩，其果品质量安全检查及防控技术以及辣椒、棉花、籽瓜等新品种的标准化栽培技术已经较为成熟；甘肃通过"白兰试验区"的建设，在新能源、新材料、电子信息及互联网等领域都取得了较好的成绩；青海基于其高寒的生态环境，在特殊材料和适应青藏高原建筑材料的技术研究及藏药现代化生产技术、现代畜牧业技术等领域发展较快；宁夏独特的地理条件和环境有利于发展新型产业、特色产业，宁夏发电集团自主研发的冶金物理法生产太阳能级多晶硅技术，在国内处于领先的水平。

2. 相同的资源禀赋条件导致相同的科技需求

中亚国家和中国西北四省一样，拥有各类丰富的资源。无论是从全球视角还是国家视角，都占有十分重要的战略地位。它们都处于新丝路经济塌陷地带，但是，相似的资源禀赋和发展状况为两地的科技合作带来了机遇。通过前文的分析也已经得知，中亚五国和西北四省科技水平各具特色、各有所长，如果通过科技创新要素的交流和共享，加强生产、互动、更新、转化和应用新技术与知识，不仅可以推动技术的进步，而且可以降低各自的科研成本，使区域资源得到充分的整合和利用。科学技术对经济发展的推动作用有助于实现西北地区协同持续发展。

（二）科技合作路径选择

1. 探索区域协同创新发展新途径

切实实施互通的五个方面包括政策沟通、道路连通性、平稳贸易、货币流通和民众支持，四个方面的互利即政治互利、经济互利、安全互利、民生互利，此外，还包括法律的整合、行业的整合、人的融合、国情的融合。把西北四省科研机构作为主体，借助现代化的平台，以政府间的沟通为桥梁，实现科技的合作，最终以推动西北四省产业及经济发展为核心目标。政府部门应放眼未来，充分发挥政府职能，组织、引导和推动地区的发展，借鉴已有的国际科技合作的成功案例，引导科技合作模式的战略升级和纵深发展。

2. 深化高校和科研机构协同创新

深化双方高校和研究机构合作，为双方合作提供依据和参考。应重视区域经济一体化发展趋势，在学术交流、人才培养、项目合作等方面加强跨区域、跨国家的合作。双方应高度重视联合攻关、集成创新研究活动，共同推动科技、经济和社会快速发展。

3. 完善科技合作的信息载体

近年来，随着关于介绍中亚和新疆科技方面的杂志、网站、书籍等媒体的出现。例如，亚心网、中亚贸易网等为企业和政府提供了越来越多的中亚国家信息。种类上来看，缺乏统一规划，缺乏市场细分和资源的整合。信息收集和加工中缺乏专业化，没有对科技信息和经贸信息进行区别。规模还需要进一步地扩大，目前提供的信息不能满足市场需求，信息机构应该积极拓展相关业务和规模，为市场提供更加精确、高效的信息。例如抓住"哈萨克斯坦—亚洲商品展览会""新疆亚欧博览会"等召开的有利时机，大力开展特色优势技术产品的展示和促销；也可以在中亚国家举办优势特色产品展览会，利用召开展览会的机会，积极收集信息，以促进西北四省和中亚国家的学术交流和技术交换，加快中亚国家和中国西北四省的科技合作进程。

通过对中亚五国和西北四省科技发展现状和两地科技合作现状的研究发现，中亚五国和西北四省的科学技术各有所长。新丝路建设给双方科技交流和合作带来了机遇和可能性。深化双方科技合作，加快人力资源培育，提高科学技术进步，将有助于两地实现经济的可持续发展。

第三节 西北四省与中亚智慧旅游合作模式

国际旅游区域合作具有文化壁垒少、合作共识多、民间动力强等优势。可以说，旅游资源是西北四省在与中亚合作中具有明显优势的经济资源。西北四省以智慧旅游为基础加强与中亚五国区域旅游合作，是未来旅游业实现可持续发展的必然选择。

一 问题的提出与研究现状

国家旅游局预计，"十三五"时期，中国为"一带一路"沿线国家输送1.5亿人次中国游客，贡献2000亿美元游客旅游消费；同时中国吸引"一带一路"沿线国家8500万人次游客来华旅游，拉动旅游消费约1100亿美元。中亚五国人口接近7000万人，中国有13亿多人口，合计约14亿人口，巨大的旅游消费潜在市场为投资提供了潜在消费支持。就目前中亚旅游市场而言，中亚国家的出入境游客量基本持平，其中乌兹别克斯坦、土库曼斯坦和哈萨克斯坦的出境游客量比入境游客量还要多，而其大部分出境旅游是以购物为主要目的的邻国旅游。以中亚旅游业最发达的哈萨克斯坦为例，该国来华游客从1994年的10万人次上升到2014年的32万人次，增长2倍多，2011年曾达到80万人次。据世界银行国际旅游统计，在入境游方面，中亚各国每年接待的国际游客从2002年的约331.5万人次，增长到2016年的约1256万人次。

随着经济的快速发展和人民生活水平的提高，旅游逐渐成为人们生活的一部分。现代科学技术把旅游业的各个环节联系起来，使游客能够便捷地旅游。西北四省经济滞后于中国的总体经济水平，旅游发展将促进地区经济。本书通过查询资料，参考相关国内外成功的智慧旅游合作案例，探讨中国西北四省与中亚智慧旅游合作的实施情况，为促进两国旅游业的经济发展提供参考。

张凌云（2012）从内涵上总结了智慧旅游的基本概念，提出了智慧旅游 CAA 框架体系。从智慧旅游的发展前景方面，黄羊山（2011）提出智慧旅游面临着发展的三大机遇。湖北明、张琳婧（2016）运用内容分析方法从游客信息获取渠道、智能感知和技术三个方面对智慧旅游系统进行了可行性分析。沈俊成、方朝阳（2017）对移动互联网技术在智慧旅游中的应用现状和发展趋势做出了进一步分析。张广海、臧传香（2018）以中国、日本、韩国为主要研究对象，对东北亚旅游合作情况进行了态势分析。研究发现，东北亚旅游合作的潜力很大，但也存在很多制约因素，例如国际信息壁垒和缺乏系统化平台建设等。总体来说，当前国内对于智慧旅游的研究主要是理论体系构建研究、智慧旅游参与者研究、智慧旅游的实践分析、智慧旅游的发展研究，对智慧旅游背景下深化旅游开发的研究很少，尤其是对于智慧旅游背景下的区域旅游合作开发的研究更是少之又少。

对于区域旅游合作这个概念，朱斌（2016）认为，它是一种特殊的合作关系，以区域优势互补为基础解决旅游资源的不可移动性和旅游者选择性之间的矛盾。李向南（2013）对中三角旅游经济空间结构进行了社会网络分析，并提出了中三角旅游空间一体化的发展思路。李松柏（2014）对环太湖区域旅游合作进行 SWOT 分析，指出环太湖各市应加强合作，共同开拓国内外旅游市场。黄爱莲（2017）提出，遵循科学、正义的原则构建旅游空间，基于空间逻辑思考旅游产业发展的要素流动、优化配置等，认为空间正义能够为跨境旅游合作提供一般准则。

"智能旅游"的概念最早于 2002 年 12 月 5 日提出。加拿大旅游协会的菲利普斯将智能旅游定义为"简单地采用全面、长期、可持续的方法来规划、开发、营销和经营旅游业"。[1] 他认为，智能旅游需要智能管理技术和智能营销技术两种技术的支持，这些技术能帮助旅游部门管理旅游业和开展目标营销。2010 年第六届海峡旅游博览会首次

---

[1] 李云鹏等：《旅游信息服务视阈下的智慧旅游概念探讨》，《旅游学刊》2014 年第 5 期。

提出国内智能旅游概念。福建省旅游局率先提出"智慧旅游"的概念，并在网上建立了"海峡智慧旅游参与建设单位管理系统"。[①]

智慧旅游理论体系被称为 CAA 框架，包括智慧旅游的能力、属性以及应用三个层面。[②] 智慧旅游的能力是指智慧旅游所依托的先进的信息技术，如云计算服务、数据挖掘、QR 码、移动通信网络、传感器、地理信息定位服务等，这些技术是智慧旅游得以实现的基础。同时，因为信息技术的高速发展和不断更新，智慧旅游也随之不断完善。智慧旅游的属性是指使用智慧旅游的目的是非营利性的还是有利可图的。公益性，是指智慧旅游的应用由政府或第三方组织提供，以公共管理与服务为目的，具有公益性；营利性，是指由供应商提供的应用，这类应用是以营利性为目的。

智慧旅游的应用可以为游览者提供如目的地导航、景区智能导览、旅游信息查询、智能酒店管理、景区电子购票系统等信息。同时，智慧旅游还可以帮助景区管理者进行智能管理，如访客交通管理、应急管理、营销等。

在智慧旅游的概念方面，黄思思（2014）、梁昌勇等（2015）等的看法是，智能旅游是一项管理革命，它使用新一代信息和通信技术来满足游客的个性化需求。但是其目的不仅是满足游客的需求，同时也是要实现公共服务与公共管理的整合，为企业提供服务。智慧旅游的概念和内涵与信息技术密不可分。其关键技术是物联网技术、移动通信技术、云计算技术和人工智能技术。[③④] 从智慧旅游的技术角度，张红梅（2016）认为，在当代互联网的发展背景下，旅游业的发展必将迎来新的突破。智慧旅游正是为了满足旅客日益丰富的旅游需求而诞生的，它将旅游中产生的人员流、物料流、信息流、资金流，通过

---

① 付业勤、郑向敏：《我国智慧旅游的发展现状及对策研究》，《开发研究》2013 年第 4 期。
② 张凌云：《智慧旅游：个性化定制和智能化公共服务时代的来临》，《旅游学刊》2012 年第 2 期。
③ 黄思思：《国内智慧旅游研究综述》，《地理与地理信息科学》2014 年第 3 期。
④ 梁昌勇、马银超、路彩红：《大数据挖掘：智慧旅游的核心》，《开发研究》2015 年第 5 期。

新兴技术转换为数据流,为游客提供更为快速、便捷、丰富的旅游咨询和旅游体验。[①] 从智慧旅游区域合作方面,郑杰雄(2015)和张广海(2018)等指出,智慧旅游的核心是充分应用云计算等信息技术,整合大量的旅游信息资源,构建综合服务平台。因此,智慧旅游可以为区域旅游合作提供新思路和新技术。

刘军林、范云峰(2011)关于旅游业构成和价值的研究表明,旅游业具有竞争优势。朱珠、张欣(2011)就智慧旅游的感知体系与管理平台进行了相关的论述,结果证明智慧旅游在国内极具潜力。金卫东(2013)对智慧旅游与旅游服务体系建设进行了相关的研究,认为智慧旅游具有构筑现代观光公共服务体系的重要意义。姚国章(2012)就智慧旅游的框架进行了分析,为明确智慧旅游的发展思路提供借鉴。

王兆峰、腾飞(2012)就西部民族地区的旅游进行了分析,结果证明我国西部民族地区存在众多以旅游业为主导产业的社区,这些社区旅游业的可持续发展,对社会稳定、民族团结、扶贫乃至构建和谐社会具有重要影响。何腾(2013)就西部民族地区的旅游发展进行了研究,认为西部民族地区极具旅游产业的开发优势。雒永峰(2016)分析了西北民族地区独特的休闲旅游,如不同地区的休闲产品、特点和优势。冯玲玲(2014)分析了中哈两国的差异和互补性,研究表明,哈萨克斯坦基于国际旅游合作的差异性和互补性,制定了国际旅游合作的发展战略,形成了经济一体化的人文基础。Babakhan Kymbat(2016)分析了哈萨克斯坦的旅游产业发展情况,提出哈萨克斯坦旅游发展的战略与策略。

综上所述,国内对区域旅游合作的研究视角主要有旅游产品的更新和提升、旅游资源的重组和共享、客源市场的共同开拓与互换、联合促销、区域旅游功能分工、旅游企业之间的优化组合以及区域旅游整体形象的构建等。同时,国内对区域旅游合作的研究尺度各不相

[①] 姚国章、韩玲华:《物联网在智慧旅游中的应用研究》,《旅游经济》2013 年第 8 期。

同，包括国际区域旅游合作、省际旅游合作以及省内地方旅游合作等研究。

二 智慧旅游发展的条件、应用及方向

（一）智慧旅游发展的条件

1. 物联网技术

物联网是一种源于射频识别、红外传感器、全球定位系统、激光扫描器等的信息技术。其中的每一个对象都与互联网、信息交换系统和通信系统相连，能够实现智能识别、定位、跟踪、监控和管理。[①] 物联网分为感知层、网络层和应用层三层。其主要任务是整合资源和信息。它的核心和基础是互联网技术。这是一种扩展网络技术，通过它可以进行信息交换和通信。中国物联网的发展研究是从1999年开始的，拥有多项专利，为无线通信网络和宽带覆盖智慧旅游开发打下坚实的基础，物联网突破了"在线"互联网应用的限制，给游客提供了非在线的特点。

2. 移动通信技术

移动通信技术是基于无线通信设备的信息技术融合手段。移动通信技术是信息通信技术的重要因素，在我们的生活中已经普及，在技术高速发展的时代，未来无线网络的发展不容小觑。移动通信技术是高效率的，能够带给人们更多的便利，如消费者用手机来乘坐公交、地铁，去超市埋单等，它覆盖了各种不同类型的移动信息终端，并且开拓了广阔的信息空间。对于现在的人们来说，手机其实已经不只是一个通话工具了，它的作用很广泛，它可以随时随地让人们处理业务，并且通过运用云计算不断地强化它的功能。移动通信是物联网中物与物的联系形态，移动通信技术足以满足旅行者的个人需求，也是支持智慧旅游物联网的主要技术。

3. 人工智能技术

人工智能（AI），是一门新科学技术。人工智能在近30年获得了迅速的发展。它通过数据分析、自身学习、技术分析等可提供旅游信

[①] 张凌云、刘敏：《智慧旅游的基本概念与理论体系》，《旅游学刊》2012年第5期。

息，并且还可以进行语言处理和翻译，解决游客语言不通的问题。通过预测推理进行游客分析，以提供给游客更好的服务，也可以为旅游监管相关部门提供大数据，以便进行监管。从 2016 年起，智能服务型机器人就被应用于景区中，它不仅可以提供简单的展示与引导，还可以为游客制订适合他们的旅游出行计划。由于人工智能的应用，机器人能给游客提供便利的旅游体验。人工智能可以利用智慧旅游的有效数据、信息、知识、计算机推理技术决策和解决旅游问题。

智慧旅游体现在服务智慧、管理智慧和营销智慧三个方面。从旅游方面来说，服务是很重要的体验。对于游客来说，智慧旅游根据游客的不同特征制定属于游客的旅游规划，从大数据分析得到的信息到旅游计划的决策与旅游的预定与支付，都可以令游客体验到智慧旅游带给他们的便利与舒适。智慧旅游通过科学的数据分析不仅帮助游客制订适合他们的旅游计划，还可以推动现代化的消费方式，以及引导游客体验新的旅游方式。管理智慧可以改变传统的管理方式，通过大数据，相关人员可以掌握具体的游客与旅游企业的信息，进行实时管理与监控。智慧旅游还可联合公安、卫生、交通、工商与质检等部门进行信息共享，从而提升景区应急管理能力、安全防护能力，使旅游投诉和问题可以很快得到处理，并且还可以有效地维护旅游秩序。营销智慧是通过数据分析得出旅游的热点与游客的关注点，以此制定相关的营销策略，推动旅游产品的创新与发展。通过智慧旅游的数据，营销问题还可以及时得到反馈，从而进行必要的调整。智能旅游系统是一个动态的概念，是智慧城市的重要组成部分。通过信息化、互联网、云计算、移动通信和其他关键的信息和先进的理念，可以促进智慧旅游的发展，为旅游业的发展提供良好的环境。

（二）智慧旅游的应用

智慧旅游今天的社会得到了广泛的应用，当 GPS 确定了位置后，将自动显示交通管制、限制性交通、停车条件等信息。互联网结合型的导航产业是以后的主要发展趋势，便于游客的出行与具体时间安排，使游客通过地图或者网页获取周边的旅游信息，比如景区、饭店、酒店、停车场、娱乐活动等相关信息，还可以获取观光地介绍、酒店环境、剩余客房数量等具体信息。智慧旅游支持在导航状态下搜索周边信息，并且旅客可以根据自己的兴趣规划出行路线。

导览起到了导游的作用。中国大多数观光景点都规定导游不能大声说话。数字引导设施，可以为游客提供方便。智慧旅游像是一次自我引导的旅行，但提供的信息比导游还多，并且它还拥有模拟路线功能，只要旅客提供起点与终点，就可以得到相关路线的多种方案，例如，用时最短的、换乘最少的路线，还有景区、主要的酒店及餐饮等信息。游客认为哪些路线较好，可以收藏，方便查看。旅客通过查询后，了解到自己的需求，就可以通过应用进行预订与支付，即使预订后有行程变动也可以轻松地在一定时间内取消，不会浪费时间。

智慧旅游的定位装置反馈系统。2006年，美国宾夕法尼亚州的景区就引进了一种叫作RFID的系统。旅游者随身携带射频识别手镯，即使没有钱和钥匙也可以打开活动区的门、支付购买纪念品的费用等。此外，该手镯也包括客户身份证。欧洲利用信息技术专门设计无线通信网络，进行信息传输和电子收费。韩国通过智慧旅游应用APP可以大大地降低游客的不便和担心，为游客提供移动旅游信息服务，游客可以通过这个应用，围绕当前位置，收集著名观光景点、酒店等信息，提供公共汽车、私车、步行等信息。该应用程序还提供了5个语言服务，对不懂韩国地理的外国游客是一个很便利的应用程序，促进了当地旅游业的发展。在全世界范围智慧旅游快速发展背景下，我们可以充分借鉴创新成功的智慧旅游案例和应用，探讨西北四省与中亚智慧旅游合作问题。

(三) 智慧旅游是旅游业未来发展的方向

智慧旅游是以科技、绿色为要素，通过云计算、物联网等高科技提供给游客更加便利的旅游服务，让人们接受新形式的旅游体验与消费习惯。虽然欧美的许多发达国家早已经运用智能化旅游，但是云计算与物联网和旅游业结合的形式还处于初始阶段。中国将争取用10年的时间来全力建设智慧旅游。

实现旅游业的科技化，加速智慧旅游的发展，提高智慧旅游应用软件等相关技术的创新能力，探寻和发展智慧旅游的具体经营模式。

通过使用云计算、物联网、高速通信技术等信息技术,将旅游业打造成为使用新科技、信息及时的行业典范。目前,中国已经有许多的城市正在进行智慧旅游的实践,将成功的经验累积下来并传递给其他城市,为智慧旅游的全面推广奠定基础。酒店、餐饮、娱乐等公司也积极加入智慧旅游的行列中,一系列的智慧旅游应用会带给游客更全面、更具体的体验。依据物联网技术为顾客预想出所有准备方案,给顾客安心的体验。应用 APP 来获取顾客的体验感觉,第一时间反馈企业及时做出调整,让游客了解到智慧旅游的便利。

智慧旅游的商业化前景非常明朗,通过智慧旅游可吸引国外游客,通过物联网、移动通信终端等将使游客、景区、酒店、餐饮、娱乐等联系变得更加紧密。中国大力支持智慧旅游技术,将旅游信息化分为三个阶段。第一阶段是专业化阶段,旅游区和观光主管部门建设网站和数据库,对主题进行全面的应用程序更改。第二阶段是全景区数字化,分散数据管理功能,建立数据共享和服务机制,建立城市和区域空间信息库,实现数据和服务共享的智能化阶段。第三阶段是旅游信息用户建设,将新一代 IT 技术充分应用于旅游产业链的各个方面。

三 构建新丝路智慧旅游带的必要性

高度发达的信息化、智能化有力地促进了中国旅游业的快速发展,尤其是基于信息技术的智慧旅游。随着信息技术的日新月异,适用于旅游业的创新服务不断推出,并逐渐朝着增强游客体验、实现旅游者个性化旅游线路的定制等方面发展。

(一)打造新丝路智慧旅游带的意义

以青海、甘肃、宁夏、新疆为代表的西北地区,有着丰富的自然资源和美丽的自然景观,地质结构和气候条件的多样性也造就了这些地区各不相同的风景,如宁夏的沙坡头旅游区,甘肃的七彩丹霞旅游景区,青海的青海湖旅游区;多样化的历史背景、宗教文化、古文化旅游资源,如宁夏的西夏王陵,甘肃的莫高窟、嘉峪关、骊靬古城,青海的塔尔寺,新疆的哈密回王墓、艾提尕尔清真寺等。

游客对于高品质和个性化服务的需求与日俱增,传统的旅游管理和服务体系已经很难满足现代游客的需求。通过引入新的科技手段，可以为旅游业发展模式带来新的思路，注入新的活力，改变旅游业格局，使旅游业进入新的发展阶段。智慧旅游不仅是服务或技术的概念，而且其思想将不可避免地促进旅游业内资源的重新整合和细分。[①] 随着智慧旅游概念的不断推广和大众对于智慧旅游认知水平的提高，越来越多的相关企业进入旅游行业中，旅游市场也被进一步细分，现代游客对于个性化定制服务的需求也与日俱增，这就要求旅游管理部门和旅游服务部门改变传统的经营模式，引入现代科学技术，重组旅游资源，为深化区域智慧旅游合作政策与技术提供支持。

（二）独特的旅游资源，可观的旅游外汇收入

塔吉克斯坦位于中亚东南部，是一个内陆国家，地形以高原和山脉为主，山脉与盆地交错分布，造就了以高山、冰川、河流为主的独特的地理景观。古代丝绸之路途经塔吉克斯坦，该国有丰富的与古丝绸之路历史文化有关的壮丽景观。另外，塔吉克斯坦的瓦尔佐布山谷也是远近闻名的度假胜地，不仅风景秀丽，还具有丰富的地热资源，是集度假、避暑、疗养于一体的旅游胜地。

哈萨克斯坦虽然是中亚最发达的旅游国家之一，但与国际旅游业发达国家相比，其旅游发展水平尚处于起步阶段，丰富的旅游资源尚未得到充分开发，旅游业仅占国内生产总值的1%。根据报告，每年入境游客的数量大约是4.96百万人次，出境人数为10.14百万人次，国内旅游人数为3.13百万人次，旅游总收入为17.17亿美元。最近，为了加快经济发展和调整产业结构，哈萨克斯坦政府计划推动一些战略性产业的发展。

西北四省和中亚智慧旅游合作无疑将促进双方旅游业发展。新疆与青海在2018年6月召开了论坛，论坛主题围绕新疆与青海的人工智能带动旅游发展展开。人工智能可以充分运用到与中亚的智慧旅游合作中去。智慧旅游合作既可以推动两地的科技创新，提高旅游业的

[①] 陈立军：《智慧旅游背景下深化区域旅游合作的路径研究》，《中国集体经济》2014年第12期。

服务质量与水平，也可以通过旅游业带动当地经济发展、吸引游客、提高就业。

进入20世纪80年代后，随着改革开放政策的不断深入，旅游业得到了空前发展，各地政府充分认识到旅游业发展对当地的经济增长和文化输出起到的双重效用，都在大力发展旅游业。2017年，宁夏接待入境游客12.36万人次，同比增长18.84%。① 2018年甘肃接待入境游客达87428人次，同比增长33.86%。② 2019年1月期间，新疆接待海外游客人数达12.48万人次，比上年同期增长10.61%。③ 2017年青海全年入境游客达70082人次，同比增长6.8%。④

随着塔吉克斯坦局势变得更加稳定，该国已开始实施经济复苏计划，开展市场经济改革，积极吸引外国游客前往，游客数量逐年增加。国际旅游支出在2010年达到35.4百万美元，占进口总额的1.071%，相比2009年提高了近29.8万美元。2010—2016年期间有所波动但整体保持了平稳的发展态势。2016年12月国际旅游支出为24.6百万美元，占进口总额的0.842%。国际旅游收入也在2010年有了飞跃，攀升至141.5百万美元，占出口总额的16.789%，相比2009年提升了111.7百万美元，并在2012年达到峰值（286.6百万美元），占出口总额的21.847%，之后的几年虽然有所波动但整体稳定，2015年国际旅游收入为149.6百万美元，占出口总额的16.631%。⑤

（三）西北四省传统旅游业缺乏活力、亟待改善

1. 传统旅游业缺乏活力

尽管西北四省旅游市场前景广阔，但从总体上看，与国际旅游业

---

① 宁夏旅游数据，2018年1月26日，http://www.nxta.gov.cn/lyzx/10086.jhtml。
② 甘肃旅游数据，2018年9月14日，http://www.gs.xinhuanet.com/2018-09/14/c_1123431614.htm。
③ 新疆旅游数据，2019年3月4日，http://zw.xinjiangtour.gov.cn/xxgk/tjxx2.htm。
④ 青海省旅游数据，2017年3月13日，http://www.fdi.gov.cn/1800000121_33_7746_0_7.html。
⑤ 塔吉克斯坦旅游业统计（2016），https://www.ceicdata.com/zh-hans/tajikistan/tourism-statistics.

发展水平还有很大差距。其一，经济发展水平低，旅游资金短缺，基础设施落后，制约着旅游事业进一步发展；其二，旅游开发水平不高，服务落后，设施不配套，管理跟不上；其三，旅游开发政策不到位，市场营销滞后；其四，人们的思想观念相对落后，旅游人才匮乏，旅游产品未形成品牌。

2. 传统旅游业亟须改善

目前旅游业存在的关键问题包括以下几个方面：缺乏完整的旅游人才培训机构，旅游人才匮乏；从事旅游行业的人员专业素质不够，工作经验较少，导致游客产生较差的服务体验；旅游基础设施落后，交通不发达；对外国游客缺乏强大的海外宣传，外国游客对西北四省的旅游资源知之甚少；引入投资的渠道较少，没有足够的资金来改善旅游基础设施。总之，西北四省旅游业还处在传统的发展模式中，智慧旅游可以为该地区的旅游业提供新的思路和技术，促进旅游产业升级。

四 西北四省与中亚智慧旅游合作的可行性及路径

（一）西北四省与中亚智慧旅游合作的可行性分析

1. 双方较好的经济基础

根据联合国贸易和发展会议提供的统计数据，哈萨克斯坦、塔吉克斯坦、土库曼斯坦、乌兹别克斯坦在2002—2012年人均GDP增长速度均超过了6.5%。总体来说，中亚地区的经济增长速度在亚洲国家中略低于东亚地区，在亚洲经济最快增长地区中排名第二。2011年，土库曼斯坦的经济增速为14.7%。而作为中亚五国中最大的经济体，哈萨克斯坦2010年的名义GDP是2000年的8倍。

青海2018年上半年GDP总量为0.12万亿元，GDP的增速达到了5.9%。根据《宁夏回族自治区国民经济和社会发展统计公报（2017）》的数据，2017年，宁夏的GDP达到了3453.93亿元，比上年增长了7.8%。根据新疆政府工作报告，新疆2017年GDP达到了10920亿元，比上年增长了7.6%，也是新疆首次突破万亿元大关。尤其是第三产业的增加值比重，达到了45.2%。也就是说，第三产业已经成为拉动新疆经济增长的第一动力。随着经济水平的提高，人们对物质文化生活的需求也会提高,这就为中亚五国与西北四省的旅游业合作提供了良好的物质条件。

2. 双方丰富的旅游资源基础

随着经济的增长和人民生活水平的日渐提高,人们的旅游方式和旅游观念也慢慢发生了改变。旅游的形式也变得多元化,各种精品主题酒店、特色民俗客栈以及定制个性旅游已经成为时尚,了解旅游地的渠道方式更加依赖网络。从跟团旅游到散客旅游,通过手机软件获得旅游资源的方式广泛应用,通过这种手机软件获取信息,旅游资源也能够被最大化利用。中亚五国都有各自丰富的旅游资源,且地域特色鲜明,生活方式和民族文化不同。西北四省拥有多元化人文旅游资源,如民族文化、生活方式、不同风格的建筑以及各式各样的特色美食。

3. 稳定的政策基础

近年来,中亚五国政府不断强调和明确旅游业在国民经济生活中的重要地位,哈萨克斯坦是整个中亚旅游产业发展最好的国家,旅游经济一直在健康持续发展。吉尔吉斯斯坦2013年1月颁布的《2013—2017年国家可持续发展战略》中,将旅游业确立为首要发展的行业之一。乌兹别克斯坦出台了相关政策鼓励私营企业和外资企业对该国旅游业进行投资,计划要在2016年,重新修建完成该国主要的陆路运输旅游线路,修复大约200处考古遗迹。为了更好地宣传丝绸之路这个品牌,乌兹别克斯坦对本国的建筑进行了大范围的现代化建设,该国还创办了一个专门的旅游广告公司,名为"伟大的丝绸之路"。中国国家旅游局专门针对丝绸之路旅游编制了《丝绸之路旅游区总体规划》。针对国家旅游局的总体规划,各地区也都制订了相应的旅游规划,这为西北四省与中亚智慧旅游合作带来了前所未有的良好机遇。

经济全球化、区域经济一体化的大趋势和智慧旅游蓬勃发展的大背景为中亚五国与西北四省开展区域智慧旅游合作提供了宝贵的发展机遇,也为打造区域智慧旅游大数据平台奠定了基础。

(二) 西北四省与中亚智慧旅游合作面临的困境

通过表 6-5,我们可以对西北四省与中亚五国智慧旅游合作进行 SWOT 分析。

表 6-5　　西北四省与中亚五国智慧旅游合作的 SWOT 分析

外部因素 \ 内部能力	优势（S） 1. 旅游资源和历史文化互补 2. 各国地理位置相近,区域通达度高 3. 政策支持	劣势（W） 1. 旅游配套设施匮乏 2. 行政壁垒 3. 缺乏系统化平台建设和统一管理机构
机遇（O） 1. 经济全球化和区域经济一体化趋势 2. 全球旅游业发展迅速 3. 智慧旅游模式的蓬勃发展	战略（SO） 1. 政府抓住机遇深化区域旅游合作,大力发展智慧旅游 2. 企业转变管理模式,打造智慧管理平台	战略（WO） 1. 充分利用现代信息技术,打造政府间信息交流平台 2. 设立智慧旅游重点发展城市,以点串线,打造精品旅游线路；以线带面,促进区域旅游共同发展
挑战（T） 1. 非传统安全因素的威胁 2. 行政效率低下 3. 国内法制不健全	战略（ST） 1. 政企联合,建设中亚智慧旅游云服务平台 2. 利用资源优势和地缘优势加强国际旅游学术沟通交流	战略（WT） 1. 建立有效合作机制,成立区域政府间国际组织 2. 加大开放力度,简化出入境手续

可以看到,在智慧旅游背景下与中亚五国开展旅游合作面临以下困境。

1. 智慧旅游基础设施匮乏

受制于旅游发展意识和经济发展水平的影响,中亚旅游业发展水平尚处在初级阶段。根据哈萨克斯坦统计局官方网站[①]数据,2016年,哈萨克斯坦全国仅有 600 家酒店,其中 107 家是星级酒店,171

---

① http://www.gov.stat.kz.

家是招待所，75家是度假屋，还有27家露营地和汽车旅馆，190个营地。而吉尔吉斯斯坦伊塞克湖沿岸的酒店和饭店数量极少。塔吉克斯坦目前最好的酒店级别只是三星级，而且各方面条件比较差。土库曼斯坦用于旅游的车辆陈旧，故障多，且数量不足。另外，中亚五国的交通基础设施也非常薄弱，交通运输方式以陆路运输为主，航空公司少、航班少、技术落后、交通费用高，公路大部分年久失修，铁路线较少。目前西北四省与中亚五国陆路运输的交通线路比较少，这些问题不利于双方开展智慧旅游合作。

2. 行政壁垒

国际旅游合作需建立在复杂的行政规制的基础上，这导致区域间参与智慧旅游合作的各国缺乏动力和主动性。同时，受各自内部的地方旅游保护主义和地方利益的影响，对不利于本身发展的相关内容，政府和相关利益主体会加以行政阻挠和干扰，这加深了西北四省与中亚五国智慧旅游合作的难度和障碍。在没有一个区域层面的常设旅游管理机构的情况下，旅游合作"倡议多、宣言多、具体落实少"。各自地区都有各自的品牌偏好和利益目标，因此很难做到旅游发展区域一体化。由于国家利益、法律政策、经济体制、开放程度等都不同，所以需要通过长期和细致的协商过程来达成共识。

3. 缺少统一的管理机构

统一有效的管理机构的缺失在一定程度上限制了国家之间关于旅游开发合作的沟通，也使区域旅游合作缺少统一的规章制度和风险应对机制，难以形成统一的规划方案，导致富饶的旅游资源难以得到最优的开发，形成了不必要的资源浪费。目前西北四省与中亚五国的交流不多，主要形式是政府间的会议交流，缺少有较强执行力的区域合作组织机构，导致双方智慧旅游合作以设想居多，真正得以践行的较少。

4. 缺乏系统化的平台建设

区域智慧旅游是一个复杂的工程，不仅需要政府的合作、政策的推动和旅游企业的发展壮大，更需要加强区域旅游相关信息的交换、集成和共享。云服务平台的建设能够通过云计算实现对旅游信息的筛选、整理、分析和预测，能够为各行各业提供全方位、多层次的信息应用服务，在一定程度上降低了智能旅游的建设成本，促进了区域智能旅游系统的建设。目前，西北四省已逐步建设系统化的大数据平台，与中亚五国的智慧旅游合作发展还停留在局部建设阶段，平台的构建是分散且独立的，没有构建系统化的平台，云服务平台建设、数字景区建设和信息服务建设基本处于刚起步的孕育阶段，发展被动且缓慢。

五 西北四省与中亚智慧旅游合作模式选择

（一）智慧旅游合作模式分类

1. 技术依托

（1）云计算。云计算通过互联网技术来提供一种动态的，可以大规模扩展的系统资源。"云"是互联网的一种比喻说法。云技术最早被谷歌、亚马逊等大型互联网服务提供商所采用，经过近几年不断发展，已成为信息化服务的一种重要的实现方式。[1] "云"指的是那些可以提供资源的网络，这些资源是可以随时根据使用者自身需求而获取的，这种属性就如同用户可以按照自己的需求来购买和使用水、电等资源一样，客户不需要了解云端的具体操作，只需要通过终端来获取自己所需要的资源，云端的运营则有云服务提供商负责。

云计算技术在智慧旅游中的应用着重于为游客和旅游相关服务部门和企业提供专业化、一体化的服务。现如今，携程、飞猪、途牛等旅游服务企业相继出现，获得了广阔的市场和巨大的成功。这些企业通过对云计算技术的运用，为游客提供全方位的智慧云服务。"主要的发展模式是由提供云服务的服务商建立一体化的智慧商务交易平台，提供身份认证、线上支付以及支付安全保障等一系列的业务，为旅游电子商务的所有参与方提供全面、周到、可信赖的高质量服务保障。"[2]

（2）物联网。物联网技术的定义一般为：通过射频识别、红外感

---

[1] 姚国章、赵婷：《利用云计算技术推进智慧旅游发展研究》，《电子政务》2013年第4期。

[2] 姚国章、赵婷：《利用云计算技术推进智慧旅游发展研究》，《电子政务》2013年第4期。

应器、全球定位系统、激光扫描器等信息传感设备，把指定的物品通过互联网连接起来，进行信息的交互和通信，以实现对物品的智能化属性识别、定位、实时监控和管理的一种网络。[①] 物联网为景区智慧化管理提供了很大的帮助，如景区电子门票、景区实时视频监控、景区游客数据统计等，都离不开物联网技术的支持。"物联网在酒店管理中的应用主要体现为游客智能住宿和酒店智能管理。"[②] 酒店通过物联网技术，为游客提供方便快捷高效的服务，充分满足游客对个性化定制服务的需求，大大提高了游客的满意度，使游客随时随地地享受智慧旅游所提供的一切便利。

2. 智慧旅游合作模式

（1）旅游营销合作。区域内的智慧旅游合作在旅游营销合作上的体现主要是区域旅游资源联合网。该网站通过云计算技术提供技术支持，集合线上、线下的旅游资源，为游客推送实时的旅游信息，共享旅游咨询，推销各大旅行公司的旅游产品。顾客可以随时查询到最新的优惠促销活动，选择具有高性价比的旅游路线；同时，顾客还可以通过该网站定制个性化的旅游行程，充分满足顾客对于定制服务的需求。旅游公司和当地旅游局也可以通过该网站获取更多的利润，并且，这种旅游营销合作还可以对合作双方的文化输出起到一定的推动作用。该网站可以降低线下的营销成本，为区域内的旅游合作提供了一个线上的平台。

（2）旅游产品合作。有合作关系的旅游区域会在客源市场或旅游资源上存在一些相似性，因此，可将区域内互补性或关联性较强的旅游资源进行整合打造精品旅游线路，开发具有区域特色的旅游产品。网络是旅游管理部门宣传和运营当地旅游业的重要平台，以游客体验为主要运营目标的旅游网站是区域内旅游产品合作的一种可行方式。该类网站的主要功能是让游客在网站上进行虚拟旅游，给游客提供身

---

① 张凌云：《智慧旅游：个性化定制和智能化公共服务时代的来临》，《旅游学刊》2012年第2期。

② 同上。

临其境的游览体验，使游客不仅能感受到景区现今的多彩面貌，更能领略其历史风采。网站为游客提供3D的特效视觉效果，使游客享受到最佳的虚拟旅游体验。虚拟旅游可以完美地把区域旅游合作地区的旅游产品结合在一起推销给大众，使游客在体验过生动的线上模拟后，对景区的历史文化背景更加了解。

（3）旅游信息合作。通常情况下，游客对于旅游目的地的选择要受到多方面因素的影响，而获取信息的便利程度就是其中之一。智慧旅游将为旅游信息的整合和管理提供便利，为开展智慧旅游合作的地区提供一种新的旅游合作模式——旅游信息合作。合作地区可以将本地区的旅游信息共享，并实时更新，建立专门的信息查询网站，为游客的信息查询提供便利。在强大的搜索引擎的帮助下，游客可以在海量的旅游信息中筛选对自己有用的信息，并根据这些有用信息制定自己的旅游行程。旅游信息合作，使旅游合作区域内的各相关利益群体都可以方便快捷地获取巨量的旅游信息，促进合作区域内旅游业的繁荣发展。

（4）旅游交通合作。对于想要开展智慧旅游合作的区域来说，在交通运输业上的合作是必不可少的。交通部门的合作将为智慧旅游合作奠定发展的基础，是吸引游客的一种有力的手段。比如说，合作区域可以推出区域内交通优惠电子券、打折机票，或者区域内智能租车服务等，以吸引游客。区域内的交通合作可以打破有形的旅游空间壁垒，促进区域旅游经济的发展。

（二）西北四省与中亚智慧旅游合作模式选择

1. 景区智能管理合作

中亚各国与西北四省同为古丝绸之路地区，应充分利用物联网、云计算等现代信息技术，打造一个互利互惠、数据共享的大型网络平台，把各地的丝绸之路文化景区联通起来，打造中亚—中国西北丝路文化精品旅游线路。利用塔吉克斯坦的彭吉肯特、乌拉秋别、胡占德等城镇，甘肃丰富的古丝绸之路文化景观，青海的茶卡盐湖、青海湖、塔尔寺等，新疆的天山天池、楼兰古城等，宁夏须弥山石窟、西夏王陵等景区的旅游资源可打造出一条跨越新丝路的旅游线路，吸引全球各地对丝绸之路感兴趣的游客前来游览。这需要各国政府达成合作，对打造该旅游路线提供政策以及资金上的支持，带动各方旅游业的发展，增强各方的文化输出。

物联网技术的应用可以为各地的景区智能化管理提供大力支持，一个成功的案例是景区电子导览技术的应用。景区电子导览主要为游客在景区内部提供智能化的导航和讲解服务，是由电子导航设备和后台中央数据库组成的网络控制系统。[①] 日本东京中城的导览系统是一个非常成功的案例，"东京中城是一个多功能的商务中心，内部不仅有美术馆、美术建筑、公园，还有商店、餐厅等场所，其内部收藏了大量的美术作品。"[②] 中城所配备的电子导览设备主要是终端电子导览设备，包括耳机、电子导览器等设备。这些设备为游客提供实时的语音指导和周围的实况地图，大大方便了游客的游览。

2017年，新疆各地景区启动了智慧景区和智慧旅游信息化建设。各景区建立了游客服务中心，开通了新的电子票务管理模式，游客可以通过手机微信、自助售取票机及窗口进行购票，首次实现了景区互联网票务订购和线下实体售票结合的服务模式。2017年，甘肃政府启动了《甘肃智慧旅游三年行动计划（2018—2020）》，与腾讯、途牛等11家平台签约开展互联网宣传营销，并且与甘肃14个市州的旅游部门以及78个4A级以上旅游景区微信公众号进行了链接。通过热词搜索、图文推送、视频直播等活动，累计完成甘肃旅游核心信息网络曝光量18.2亿次，平均每天762万次。近日，甘肃省博物馆推出了一件备受游客欢迎的智能导览设备——导览机器人。导览机器人不仅有着可爱的外形可以随时吸引游客的目光，还可以为不同观众定制讲解内容，与游客进行语音互动，为游客引路，使游览的乐趣大大提升，吸引游客去探索华夏历史瑰宝。

给景区装配新的或升级现有的电子导览设备，或者为游客提供通

[①] 付业勤、郑向敏：《我国智慧旅游的发展现状及对策研究》，《开发研究》2013年第4期。
[②] 同上。

过扫码使用的 APP 或小程序，或者开发导览机器人，为游客提供了方便快捷的导览服务。景区可以为导览器安装语言选择功能，为来自中亚各地的游客提供便利。游客不仅可以利用导览设备了解景区的历史文化背景，导览设备中的定位功能还可以为游客提供导航服务，避免在景区中迷路。如果景区导览技术可以被很好地利用，则会大大提升景区的服务质量。同理，这些景区都可以与中亚的景区合作，开发自己的特色旅游路线，以吸引一些对古丝绸之路感兴趣的游客参与其中。

2. 智慧旅行社合作

智慧旅行社包括在线旅行社管理软件、电子商务平台、同业分销管理平台、客户管理等。[1] 旅行社可以通过平台管理访客信息，规划旅行路线，安排旅游行程；对旅行团进行智能定位，随时随地掌握导游发回的旅行团动态，以便在突发事件发生时可以及时应对，提高旅行团安全性，规避可能存在的各种风险因素，如自然灾害、游客财产损失、冲突争端或各种无法预期的突发事件；可以依靠大数据分析技术了解游客的喜好，为游客提供高水平的服务，以实现智能管理；通过智能管理平台及时发布最新旅游咨询，共享给导游和游客，提高服务质量。

中亚与中国西北四省展开智慧旅游合作，可以推出中亚—中国西北旅游线路，运用智能平台规划出符合不同国家、不同地区、不同文化背景的游客的定制化旅行路线和旅行日程，充分满足顾客对于定制化服务的需求。旅行社可以根据游客的身份、背景、消费水平等条件以智能平台为工具为游客制定不同类型的旅游，如度假旅游、生态旅游、保健旅游、团队旅游、散客旅游、互助旅游等，让游客有充分的选择空间，从而吸引游客进行消费。智能平台还可以帮助旅行社实时确定游客和导游的位置，增加跨国旅行的安全性，通过数据分析帮助旅行社解决一些突发事件，提高旅行社的业务能力和危机处理能力。

---

[1] 温州市鹿城区风景旅游管理局：温州国旅打造"智慧旅行社"，http://www.cnta.gov.cn，2011 - 07 - 19/2012 - 02 - 20。

智能平台同样可以帮助旅行社处理日常业务，如员工和顾客的信息收集和整理、财务管理及会计核算。总之，智慧平台将对两地的智慧旅游合作提供技术支持，保证两地旅游合作的效益。

中亚各国与中国西北四省的智慧旅游合作研究对区域内旅游业的发展具有深远影响。智慧旅游可以深化区域旅游合作，为区域旅游合作提供新思路，促进区域内旅游产业升级。

六 西北四省与中亚智慧旅游合作对策建议

西北四省无论是人文景观还是自然资源景观都具有独特性，拥有极具吸引力的旅游资源。该地区拥有40个国家旅游胜地、44个国家自然保护区、31个国家历史文化城市、58个国家森林公园和数百个省级旅游景区、自然保护区。

青海先后建立了"青海精品窗口"和青海特产展示中心，建立了国际营销网络。宁夏已建成智慧旅游网络，有利于游客出行和查询相关的景点信息。该网站包含宁夏景区的门票、路线、酒店和当地的特产。"智慧丝路"是新疆乌鲁木齐已经实行的智慧旅游应用，这个APP可以使游客只用手机就可以实现旅游景区的门票和旅游特产的购买等相关事项。甘肃实现了一机游的服务目标，甘肃的APP已经与多家旅行社、酒店、景区进行了相应的合作，以给游客便利出行旅游的体验。

移动通信技术在我国已经是处于成熟阶段的技术了，中亚各国的游客可以通过手机下载智慧旅游的相关应用，从而使游客还未到，却可以将景区、酒店、餐饮、娱乐等项目了解得很全面，并可以制订适合自己的出行计划。

（一）协同构建区域间信息交流平台

国际的旅游合作涉及政治、经济、文化等方方面面，因此要想推动区域间的旅游合作，政府的主导作用必不可少。首先，各级政府可以在旅游合作领域尝试构建一个平等互利、合作共赢的长效合作机制，暂时搁置由于政治或历史因素造成的争议，通过高层领导人会晤、政府间的国际会议、论坛等方式推动建立长久有效的合作机制，并在此基础上建立健全跨国旅游合作的安全保障机制和风险应对机制，针对突发事件和危机制定统一的行动管理手册。其次，西北四省各级政府共同编制统一规划方案，以解决区域间旅游资源无序开发、重复开发等实际问题。最后，要建立以政府为主导的区域旅游合作组织来处理各国旅游合作的日常事务，同时促进各成员国政府间的交流和沟通。

（二）协同设立智慧旅游重点发展城市

为消除行政壁垒，实现区域内跨国旅游便利化，应当尝试加大开放力度，简化出入境手续。在实行区域合作之初，选择部分地区或重要城市作为试点，实施落地签证制度，逐步放宽旅游签证政策。同时，实行签证互认制度，即旅游者在一个合作地区的国家持有签证，到该地区其他国家旅行仍然可以得到承认，游客只需持有一张签证便可在几个国家的旅游合作区域内畅通无阻。到合作中后期，可以尝试依托政府间的国际旅游合作网络平台推行"签证一卡通"政策，持卡用户可享受在区域内的多次往返签证服务，同时该卡可与指定银行和旅游企业合作，方便持卡人的出行和消费，各国也可通过相关条件来限定持卡用户。

西北四省应本着重点发展、集中发展、集中投资、重点建设、集聚发展、政府干预等观点，设立区域旅游重点开发城市或口岸，以重点城市为增长极，即"点"，并将重点发展的城市进行合理串联，打造精品旅游线路，即"以点串线"，继而以空间线性推进的方式带动整个智慧旅游合作区域的发展，即"以线带面"。以发展中心带动整个区域发展——"以点串线"，打造精品旅游线路；"以线带面"，促进西北四省智慧旅游协同发展。

（三）协同建设区域智慧管理平台

依托市场资源丰富的大型旅游网站，实现信息资源和技术的共享。在网络信息技术迅速发展、散客旅游异军突起的背景下，旅游企业亟须摆正位置，转变管理模式，改善企业形象，增强企业未来的竞争实力，只有企业做强做大，旅游市场才能日趋繁荣。打造企业智慧管理平台的方式有很多，一方面，旅游企业可借助现有的网络平台进行合作，例如利用中国的去哪儿、途牛、携程等平台，整合旅游景点、餐饮、住宿、休闲购物、娱乐、旅游、交通等资源，进行宣传和分销；另一方面，旅游企业可借助现有技术，开发自己的网上管理平台，例如从客户角度出发，利用互联网技术建立新型的客户关系管理模式。

智能旅游是利用方便的物联网、云计算技术，以提供更全面的服务。[1]"智慧旅游"一词来自智慧地球。其核心是利用更智能的方式，通过新一代的信息技术，改变政府、企业和公众之间的互动方式，提高透明度、相互作用和反应速度的效率和灵活性。[2] 基于信息分析技术的智慧旅游，将旅游信息进行整理，通过得到的数据结论来给游客适合的旅行。从城市的大方向来看，智慧旅游是城市信息网络和产业知识理论发展的重要子系统。智慧旅游的一些功能可以通过智能城市实现或分布。[3] 云计算、物联网、移动通信设备的发展是智慧旅游发展的条件。智慧旅游的便利之处就来源于大数据的计算与分析，并且下载智慧旅游的相关应用是要通过手机、平板电脑等移动通信设备的，也需要网络的支持。手机、平板电脑也是智慧旅游的支撑力量，智慧旅游的应用具体是要通过移动终端来进行相关的操作的，随着5G时代的到来，手机与平板电脑的普及程度越来越高，对智慧旅游来说是很有帮助的硬性支持，可以加速智慧旅游的推广。随着国家政策环境对智慧旅游的大力支持，在国家发布的相关政策里面就已经将旅游与云计算进行了相关结合，云计算是国家大力支持信息产业优先发展的项目，这足以体现云计算对智慧旅游的重要性。

智慧旅游无论是在国内还是国际都是旅游的未来重要趋势。目前，国际上并没有严格意义上的关于智慧旅游的定义和规范。我国大力支持智慧旅游的发展，已将"智慧旅游"列入"十二五"的观光计划，并将江苏省镇江市定为"国家智慧旅游服务中心"。镇江、南京、苏州、无锡、扬州、南通6个城市建立了国家智慧观光中心联

---

[1] 金卫东：《智慧旅游与旅游公共服务体系建设》，《旅游学刊》2012年第2期。
[2] 张凌云、刘敏：《智慧旅游的基本概念与理论体系》，《旅游学刊》2012年第5期。
[3] 朱珠、张欣：《浅谈智慧旅游感知体系和管理平台的构建》，《江苏大学学报》2011年第6期。

盟。国内智慧旅游前景广阔，无锡提出了感知中国中心的相关理念，湖南省也提出建设智慧旅游的相关具体措施，黑龙江省牡丹江市也提出关于在物联网上进行智慧旅游的发展愿景。随着国内经济的良好发展、资金的支持、技术的革新和旅游信息大数据的累积，智慧旅游在国内发展已经形成良好的趋势。

智慧旅游是现代信息技术发展的产物，为区域旅游合作提供了新的平台和机遇，以政府引导、企业跟进、政企联合的模式构建区域智慧旅游云服务平台基本框架，必将为区域旅游发展带来新的生机。西北四省与中亚五国的旅游合作潜力巨大，双方具有得天独厚的旅游资源和绝对的地缘优势，具备了区域旅游合作的条件，但仍然处在初级合作的阶段，仍需将智慧旅游作为区域旅游合作的新视角，推动旅游的信息化合作发展，并以智慧旅游为突破点，遵循系统化、智能化的指导原则，构建服务于政府、企业和旅游者的多层次智慧平台框架。

第七章　西北四省特色产品产业嵌入中亚价值链

中国既是一个文化大国，也是一个多民族的国家，每个民族都会有特色产品产业。20世纪改革开放以来，中国经济不断增长，发展迅速，综合国力不断提升。中国加入世界贸易组织获得平等贸易的权利和扩大贸易的机遇，随后与不同国家和区域开展多种经贸活动，世界经济更是呈现出区域化、一体化、多元化、全球化的趋势，这使各国和地区在发展经济时都要与其他国家和地区合作，合作与发展成为当今世界经济发展的潮流。中国与中亚各国由于关系密切，地缘经济的便利性使经济合作成为必然选择。发展以特色产业为主要内容的特色经济，是西北四省参与中亚市场竞争的重要途径之一。

中国是一个多民族的国家，各地区的特色产品产业不仅推动着地区的经济增长，也是中国经济的有机组成部分。然而，西北地区相比中原或沿海地区经济水平落后，文化素质较低，科技水平低下。中国为促进西北地区的经济发展，支持西北地区充分利用丰富的资源、能源和廉价劳动力吸引投资。从短期来看，实现了经济增长，但从长期来看，资源型产业开发加重了生态环境恶化、生态失衡与环境污染，使资源面临枯竭、经济结构失衡，这制约了地区产业的可持续发展。由于西北四省和中亚各国开展交流与合作具有地缘优势，西北四省又是少数民族地区，所以分析西北四省少数民族地区特色产品产业发展现状，探讨如何提高资源配置效率，探寻特色产品产业如何嵌入中亚价值链，对加强中国西北四省产业研究，促进经济发展、社会稳定具有一定的意义。

第一节 西北四省少数民族特色产品产业发展的制约因素

一 少数民族特色产品产业发展

民族特色产品产业是少数民族地区生活中重要的组成部分，是为了满足少数民族特定的生活需求，包括文化和宗教习俗，而发展起来的。计划经济时代，民族地区特色商品被国家分配，市场对其调控配给能力微弱。社会主义市场经济确立之后，民族地区特色产品逐渐在市场中流通，满足了市场的部分需求。

"十一五"期间，中国有民族贸易县435个，定点生产企业1855家，包含了服饰、食品、医药、体育等各方面少数民族自身独特需求的产品。随着市场经济的深入，民族地区特色产品产业不断谋求经济发展和规模的扩大，除了满足少数民族自身需求，还推出更多的形式和分类去满足市场需求。

民族地区特色产品产业的核心是特色和少数民族产品产业。产品产业的特色属性表现为使用本区域内的特色产品生产加工工艺。国内还有观点认为，民族地区产品产业具有鲜明的特有文化属性及对区域内资源的依附性。文化属性体现在，民族地区特色产品产业生产是为了满足本民族的特定需求，其鲜明的文化特点可以保证自身同其他产品产业的区分。民族地区自然资源的限制导致很多产业不能扩大和走出本区域，而制作的流程很多来自手工，是机器生产所替代不了的。这增加了民族地区产品的精细程度，同时也限制了规模效应。

二 西北四省少数民族特色产品产业特征

中国是一个多民族的文化大国，除汉族之外有55个少数民族，每个少数民族都拥有自己的传统活动区域，以及本民族的特色产品和特色产业，这些都是少数民族历史的传承和文化的体现。在国家层面，中国对民族地区采取了一系列促进地区发展的政策和法规。

例如，民族区域自治政策成为改变中国民族地区经济、文化、社会面貌普遍落后的重要保障。国家实行多个"五年计划"大力扶持民族地区经济增长，帮助民族地区摆脱贫困，发展具有少数民族特色的产品和产业。同时，国家对民族地区特色产品产业也颁布了许多优惠政策，例如新农村建设和西部大开发有关税收优惠政策，以及对民族地区企业可以享受15%的企业所得税税率的产业做出新的调整和安排。

少数民族的特色产品产业具有地域性、唯一性、竞争性以及可持续发展性。

第一，地域性。俗话说，"一方水土养育一方人"。每个少数民族都有自己的活动地域，每片不同的水土与地域都会酝酿属于每一个特定民族的文化与习俗，经过不断的发展，这种特色文化会演变为如今的民族地区特色产品产业。也正是因为地域性这一特点，才有了之后的唯一性。

第二，唯一性。唯一性也可称为不可替代性。传承下来的特色文化经过千百年来气候、土壤、水等自然环境的影响，再加上人为的"取其精华，去其糟粕"的过程，使我们今天所熟知的民族地区特色产品产业能够走向全国甚至世界。这种不可替代性使其他地区难以复制，而这些特色产品产业会成为某一特定民族的代名词。

第三，竞争性。随着经济的高速发展，在国家的优惠政策下每个少数民族都会努力发展自己的特色产品产业。在多民族产品产业共同发展过程中，各种产品之间会产生竞争性，特色产品的质量也会有好有差，因此，面对如此激烈的竞争市场和广大消费者的选择，每一个少数民族地区需要将民族产品产业的特色发挥到极致，不断努力提升自己民族产品产业的品牌效应，推动少数民族的特色文化的传承和发展。

第四，可持续发展性。可持续发展是科学发展观的基本要求之一，是关于人文自然、科学技术、经济、社会协调发展的理论和战略。可持续发展可理解为，能满足当代人的需要，又不对后代人满足其需要的能力构成危害的发展。该定义包括需要和限制两个重要概念。需要是指人们的基本需要，应将此放在特别优先的地位来考虑。限制的概念是指社会组织和技术状况对环境的限制，许多少数民族在完善特色产品产业时往往忽略了这一点，只注重眼前利益，忽视了生态可持续与环保等问题，在发展经济的同时，也恶化了当地赖以生存的生态环境。

三 西北四省少数民族特色产品产业发展的制约因素

西北四省的各类能源如水资源、太阳能和风能存量巨大，天然气的储量不仅可以满足自身需求，还可以通过管道等方式输送到中亚，将资源优势转变为经济优势。人口虽然相对其他区域较少，但自然增长率远高于非少数民族区域，劳动力的增长保障了产业发展和产业优化升级需求。很多地区工业基础普遍薄弱，工业化水平较低，工业布局不科学，轻重比例失调，环境恶化严重，存在很多低生产效率的企业或者高能耗的产业，很多企业不注重可持续发展。大多数产业的核心技术体现在生产制造环节。在生产制造环节主要包括原料企业和制造企业两大部分，原料企业依赖于自然资源，例如钢铁、煤炭、石油以及制造业。此外，劳动力水平不高，人才储备不足，人才市场不够完善也是阻碍西北四省少数民族特色产品产业发展的重要因素。

西北四省少数民族特色产品产业嵌入中亚价值链，体现为在价值链某一个环节中所创造出来的半成品或中间品。西北四省的大部分特色产品产业仍然保留很多传统工艺，最具有代表性的产品产业比如雕刻、刺绣、特色小吃、陶器、茶叶等，具有显著的民族特色和历史悠久的民族文化。

（一）资源依附性强

由于受到少数民族传统文化和传统工艺的双重影响，少数民族特色产品产业的资源依附性并不单单指对自然资源的依赖，还有对人文资源的依赖。这限制了其生产区域，但能体现少数民族的传统工艺性以及特色属性。

（二）生产技术落后

少数民族特色产品产业大多处于原料供应和生产制造环节。相对于发达地区的传统企业，仍然存在生产效率低下、生产技术落后的现象。以制糖业为例，劳动力丰富和原材料充足是制糖业的明显竞争优势，但是大多数制糖企业规模较小，产品品种过于单一，生产自动化水平也远远落后于发达地区，生产成本也往往高于国际领先水平。所以西北四省的制糖业缺乏价格、技术以及生产效率上的优势。同时，生产技术的落后直接导致的问题便是生产效率低下、劳动力成本和生产成本偏高，最终导致在销售方面、产品质量及产品价格方面缺乏竞争优势。

（三）分布不集中，无法形成凝聚力和品牌效应

少数民族居住都比较分散，分布很不集中，产业并没有形成规模，无法产生品牌效应。在生产、销售、供应、信息、技术等各个环节基本处于单打独斗的局面，多个企业之间没有形成专业化的分工，没有形成企业集群和产业集群。共同发展少数民族特色产品产业，发扬少数民族特色文化，不仅可以带动经济的发展与社会的发展，更重要的是提高少数民族在当地的经济收入和生活质量，逐步缩小差距。为促进少数民族特色产品产业集聚，形成产品产业规模，可以加大对特色产品产业的宣传以及文化推广，从而产生品牌效应，吸引更多的潜在客户源，增加知名度与贸易量，形成更为牢固的价值链。

四 西北四省特色产品产业发展对策建议

（一）开拓新型特色产品产业

中亚地区拥有石油、天然气和煤炭等不可再生资源，这些不可再生的天然资源对产业起到了巨大的推动作用。西北四省的企业大多数为原料企业以及生产制造企业，因此西北四省当前应大力发展可再生资源及清洁能源，例如太阳能和风能，既可以起到保护生态环境的效果，又可以贯彻可持续发展道路。新型产业需要提高资源利用率，注重优势转化，根据市场的原则进行优势的转化，进一步提高产品产业的竞争力。应该大力发展人文旅游资源，培养具有民族特色的文化产业，以新型产品产业来吸引游客，刺激消费，从而带来巨大的经济效益。

（二）扩大特色产品产业规模

首先，立足于市场的具体要求，扩大特色产品产业规模，有利于

形成少数民族产品产业规模优势，从而提升市场的竞争力。其次，发展龙头企业，走集团化发展道路，带动整个地区产业共同发展。提高规模、形成凝聚力才能形成牢固的价值链，才能争取更大的贸易额，增强自身的经济实力。

（三）完善金融扶持政策

建议加大对西北四省特色产品产业的金融倾斜政策。大多数特色产品产业具有规模较小、起点较低、发展缓慢、盈利不足等特点，属于较为弱势的企业。大多数银行或金融机构对企业的潜力也缺乏了解，对信贷以及金融方面的扶持也并没有信心。许多企业对一些利率较高的贷款难以承担高额的利息。一些国有银行的信贷率比商业银行要低，但是企业又难以达到其标准。同时，西北四省特色产品产业也应该加快自身的发展速度，充分利用好国家出台的各项优惠政策，积极向有关部门申请政策扶持和帮助，逐步壮大企业实力。

第二节 西北四省特色产品产业嵌入中亚价值链的可能性及必要性

"一带一路"沿线64个国家以发展中国家和新兴国家为主，人口总量占全球的63%，但经济总量却只占全球的29%，这些地区自然资源丰富，发展潜力巨大，但是缺少资金、技术和管理经验。

分析西北四省特色产品产业价值链的现状以及存在的问题、嵌入中亚价值链的可能性以及必要性、嵌入中亚价值链及融入中亚价值链的方式选择，对促进西北四省特色产品产业的竞争力具有重要意义，同时也对西北地区经济的发展起到重要的促进作用。

一 理论基础及研究现状

产品产业嵌入价值链模式的研究，主要分为嵌入位置和嵌入程度两个方面。一些学者认为，传统产业往往采取代工、订单贸易等形式嵌入价值链，高新技术产品产业通过技术贸易模式嵌入价值链。价值链的嵌入模式有接单产品组装、接单加工生产、设计生产加工、自有品牌生产加工四种。一些学者通过测算发现，原材料生产以及能源开采等部门居于价值链的上游，零售业以及服务业等居于下游。另有一些学者认为，高技术、中技术、低技术制造业分别处于价值链的上中下游。

价值链是波特在分析公司行为和竞争优势的时候提出的，他认为公司的价值创造过程主要由基本活动（生产、营销、运输和售后服务等）和支持性活动（原料供应、技术、人力资源和财务等）两部分构成，这些活动在公司价值创造过程中是相互联系的，由此构成公司价值创造的行为链条，这一链条就称为价值链。寇伽特在《设计全球战略：比较与竞争的增值链》中认为，价值链是指使原材料、技术和劳动结合而形成的各种投入环节，并通过组装环节把这些因素组合起来构成有价值的商品，最后通过销售、消费等环节完成价值循环的过程。

Ressler在研究价值链在地方产业中的运用时，认为地方产业中的核心企业往往通过分包、离岸、海外直接投资三种途径嵌入全球价值链；地方产业通过科层方式、市场方式、网络方式和班科层方式四种方式与全球价值链对接。

国内学者的研究起步稍晚。文嫮（2005）结合地方产业集群类型，讨论了相应的嵌入模式。第一，传统企业以订单贸易、采取代工等多种形式嵌入全球价值链；第二，高新技术产业主要通过自身的技术嵌入全球价值链中。刘丹栋等（2005）认为，发展中国家的中小企业嵌入全球价值链主要有加工配套、搭车、外包、渠道和第三方服务等多种途径。任家华（2005）认为，中国嵌入全球价值链的方式主要有两种：一是"引进来"的嵌入模式，二是"走出去"的嵌入模式。黎继子（2006）认为，地方产业嵌入全球价值链的模式主要有三种：第一，通过地方产业的某个优势环节嵌入全球价值链；第二，依靠地方产业优势嵌入全球价值链；第三，全球价值链将自身的某个环节转移出来形成新的地方产业集群。

二 西北四省特色产品产业价值链现状与存在的问题

（一）西北四省特色产品产业价值链发展现状

新疆、甘肃、宁夏、青海等是中国少数民族聚居地区，这些地区的清真食品行业占了中国清真食品行业的80%以上。近年来，清真食品得到了长远的发展，同时，清真食品产业链不断延伸扩展，产品种类不仅包括清真餐饮、牛羊肉，还开发了许多清真方便食品、速冻食品等。其中宁夏、新疆食品产业较为成熟，中国国际清真食品展会多次在新疆成功举办。

以新疆阿曼清真食品为例，新疆阿曼清真食品工业集团成立于1995年，现为国家级清真食品产业的重点龙头企业。新疆的清真食品趋于多样化，从普通的牛羊肉等食品到各种果仁巧克力等产品系列，再到一些清真饮料等，其清真食品已达上百种。从阿曼收购哈斯乳业到阿曼与富田食品有限公司的战略联盟，清真食品产业逐渐形成规模。

青海少数民族用品以及民族服饰产业生产销售遍布国内外，2013年各公司完成销售收入多达5600万美元，其中龙头企业发展强劲。青海最大的民族服饰及用品生产企业伊佳布哈拉集团，2013年生产总值约为1.3亿元，其中出口量占总产量的90%左右。企业随着经营规模的扩大，已经在青海乐都、循化等设立多个分厂，在宁夏设立分公司，并计划在新疆等地区设立分厂。

西北四省特色产品产业目前蓬勃发展，无论是清真食品产业还是少数民族服饰以及用品都发展良好。总之，少数民族特色产品，因"民族特色"而具有创造民族品牌的潜力。这些特色产品对少数民族地区的经济发展，以及国内商品市场的繁荣所做出的贡献是巨大的，在促进西北四省经济快速发展的同时，也逐渐形成了地区的特色产品产业，逐步成为具有代表性的产业，成为新的经济增长点。

（二）西北四省特色产品产业价值链存在的问题

1. 附加值不高

西北四省的特色产品产业大部分处于微笑曲线的中部，属于低级的加工生产，其附加值处于最低端，设计研发缺少创意创新。例如青海伊佳布哈拉集团在制造民族服饰中具有较为发达的产业链，但缺乏设计方面人才。

2. 产业链不完备

宣传力度不够，没有形成品牌效应。市场中的知名度不够的原因主要有：第一，缺少专业的宣传团队以及策划团队；第二，推广以及销售团队营销意识等不成熟；第三，对广告等宣传投入少。在西北地区，多数民族地区特色产品产业都以小作坊为主，没有形成完整的产业链以及品牌效应。

3. 市场分布不均

西北四省特色产品产业市场分布局限于民族地区，在非民族地区销量少之又少。民族服饰以及食品在少数民族地区的销量在90%以上，在其他地区的销量占比较小。

4. 缺乏金融支持

由于资金投入不足，产业发展受到限制。企业生产设备得不到更新，技术无法改造升级，其生产受到限制，产品不能满足市场需求，制约了产业的发展。例如新疆阿曼清真食品由于资金缺乏，建立的厂房少，每年投入研发的资金只有几十万元，开发产品能力不足。

三 西北四省特色产品产业嵌入中亚价值链的可能性及必要性

西北四省与中亚五国位置相近，合作机会较多。清真食品以及少数民族服饰等与中亚文化相契合。为了选择合适的嵌入模式，先判断中国与中亚五国之间的贸易情况。相对于中亚五国，中国无疑是经济大国，同时也是对中亚五国的贸易大国。

表7-1的数据说明了2014年中亚五国与中国的贸易情况。中国与中亚五国的贸易均以进口为主，进口额占总贸易额的比重均值达到66.37%，出口额占总贸易额的比重均值在33.63%。

通过具体分析中国与中亚五国的商品贸易可知，进口产品主要以初级产品为主。如表7-2所示，进口中初级产品占比为77.07%，出口中初级产品占比为2.67%。

表7-1　　2014年中国对中亚五国商品进出口贸易占比　　单位:%

国家	出口占比	进口占比
哈萨克斯坦	33.68	66.32
吉尔吉斯斯坦	33.62	66.38
乌兹别克斯坦	33.47	66.53
塔吉克斯坦	33.43	66.57
土库曼斯坦	33.67	66.33
均值	33.63	66.37

资料来源:《中国统计年鉴(2014)》。

表7-2　　中国与中亚五国商品贸易具体分析　　单位:%

国家	出口 初级产品占比	出口 工业制成品占比	进口 初级产品占比	进口 工业制成品占比
哈萨克斯坦	3.08	96.92	72.69	27.31
吉尔吉斯斯坦	2.52	97.48	43.87	56.13
乌兹别克斯坦	1.24	98.76	99.57	0.43
塔吉克斯坦	0.87	99.13	10.41	89.59
土库曼斯坦	2.96	97.04	51.68	48.32
均值	2.67	97.33	77.07	22.92

资料来源:《中国统计年鉴(2014)》。

(一) 嵌入的可能性

1. 文化相通

新丝路建设的提出,使西北四省经济发展面临新机遇,为与中亚各国合作提供了新平台。例如,在生产清真食品、穆斯林用品、民族服装、民族医药以及民族工艺品等方面与中亚合作,开展民族村寨保护活动和发展特色旅游,加工特色农产品,有利于多方位、全领域深度交流与合作,实现互利共赢。

新丝路建设实施给少数民族服饰生产带来新的机遇和挑战。本书以青海少数民族服饰及用品产业为例,分析嵌入中亚价值链的可能性。第一,地理优势,青海处于中国西北地区,与中亚五国距离较近,对交流以及贸易有着积极的作用。第二,在文化设计方面,设计具有少数民族特色的孟加拉帽、男女式长袍等都具有世界先进水平。第三,亚洲少数民族服饰及用品最大的生产企业青海伊佳布哈拉集团具有强竞争力。伊佳布哈拉集团拥有资产近4.2亿元,员工2000多名,年产值2亿多元,年出口占总产量的90%以上,"布哈拉"品牌的全球市场份额约占25%。

如图7-1所示,青海少数民族特色服饰生产处于微笑曲线下方,附加值比较低。在产品研发和设计方面,除了龙头企业,其他中小企业没有优势。建立品牌效应,提高附加值是特色产品产业嵌入中亚价值链发展的一条重要道路。

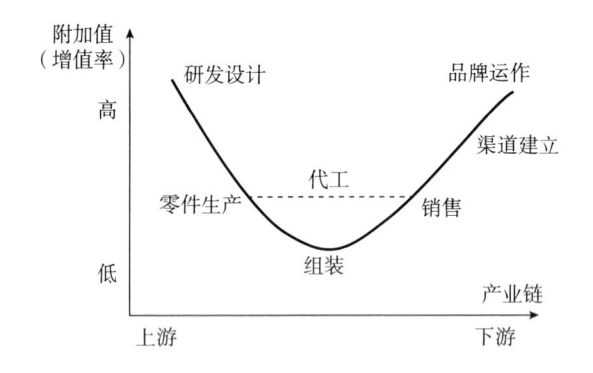

图7-1 微笑曲线

2. 劳动力成本优势

中国劳动力素质及受教育水平都强于中亚五国,总体劳动就业情况好于中亚五国。义务教育的普及使中国劳动力的文化程度相对较高。根据图7-2可以看出,2015年中国制造业人均收入高于世界平均值22%,而中亚五国制造业人均收入均低于世界平均水平,中亚五国的劳动力成本低于中国的劳动力成本。

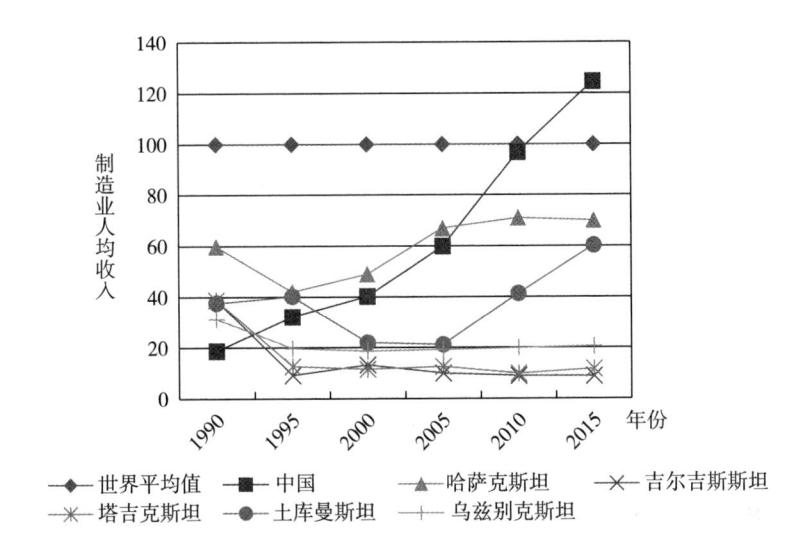

图 7-2 以当年世界平均值为 100 的各国制造业人均收入

资料来源：https://tieba.baidu.com/p/4917469597。

（二）嵌入的必要性

全球经济增长主要在亚太地区，中亚与欧洲相连，西北四省特色产品产业可通过嵌入中亚价值链，走向欧洲，走向世界。西北四省特色产品产业大多数位于世界价值链的最底层，今后应增进与中亚国家的合作，积极进行产业转型，嵌入中亚价值链中，努力嵌入价值链高端区，走出国门，加入世界的产品产业链分配中去。

（三）选择适合的嵌入模式

以青海少数民族用品以及服饰产业龙头企业伊佳布哈拉集团为例，该企业可从产品设计的嵌入，到品牌销售的嵌入，将附加值较低的产品生产组装放在中亚五国；通过自有品牌贴牌生产方式，与中亚五国的少数民族用品生产企业合作，发挥设计优势以及销售优势，嵌入微笑曲线的两端。

以新疆阿曼清真食品为例，阿曼清真食品已经形成良好的产业链，可以将生产加工放在中亚五国。由于中亚五国的劳动力成本远远低于中国，这样可以获取更多的利润。阿曼食品可以在中亚五国寻找接单生产加工的企业，通过自有品牌的设计以及销售打开中亚五国的市场，在少数民族特色产品产业中寻求高的附加值。

（四）适时动态调整产业嵌入中亚价值链模式

投资合作需要突破现有模式，寻求国家和地区真正的共赢发展。西北四省特色产品产业嵌入中亚价值链，不仅要获得更高的附加值，同时也带动中亚五国制造业的发展。只有实时调整嵌入模式才能得以长足发展，共同获利。

加大研发以及设计。研发和设计处于微笑曲线的上游，可以获得更高的附加值，西北四省一些大的企业，例如新疆阿曼食品以及青海伊佳布哈拉集团应该积极培养和引进技术开发人员，加大研发投入经费。建立渠道，加强品牌运作。在销售方面，应积极发展中亚五国的市场开发以及售后服务，通过品牌效应扩大中亚五国市场。摒弃原有的粗制滥造的加工，实行精加工，细加工。促进生产方式、企业管理方式以及销售方案的创新，突破局限，打破传统，将新兴的设计、加工销售与生产融合形成良好循环。

传统企业需要加快战略调整和转型升级，增强资本实力，运用资本市场，占据有利地位，实施大企业、大集团战略，保持市场竞争力。要增强企业市场竞争力，就要在销售环节提高附加值。获得高附加值，一方面需要重视研究开发和人才竞争，另一方面需要加强传统文化的影响力，加强各国文化的差异和文化元素融合的研究，从而增强西北四省特色产品产业的竞争力，提高国际竞争力。

要加大力度培育具有特色的产品生产企业，少数民族特色产品生产企业不仅是构建西北四省特色产品产业体系的基础，也是满足少数民族生活需要的基石和传承民族文化的物质载体。国家的政策支持为西北四省特色产品产业的发展提供了契机。例如，通过多种优惠政策加大投资、融资力度，促进企业的发展；构建特色产品产业体系，包括少数民族工艺品产业、民族服饰产业、食品产业、旅游日用品产业、旅游文化用品产业等。西北四省政府政策应将特色产品产业的发展规划与培育发展特色产品生产企业相结合，促进特色产品产业在各个地区的集聚化和分工专业化。

参考文献

阿依古力依明：《新时期新疆与中亚五国区域经济合作问题探究》，《对外经贸》2013 年第 8 期。

安文娟等：《基于因子分析的我国区域经济梯度的评价》，《商业文化》2010 年第 8 期。

Babakhan kymbat：《哈萨克斯坦旅游产业发展战略研究》，《智慧城市与旅游》2016 年第 12 期。

保建云：《中国与中亚五国进出口贸易特点及存在的问题分析》，《国际贸易问题》2008 年第 7 期。

蔡国梁、廖为鲲、涂文涛：《区域经济发展评价指标体系的建立》，《统计与决策》2005 年第 19 期。

孙飞、李青华：《耗散结构理论及其科学思想》，《黑龙江大学自然科学学报》2004 年第 3 期。

陈茹云、蔡炳水：《产业梯度视角下闽台产业转移分析》，《重庆科技学院学报》2018 年第 1 期。

陈淑梅：《"一带一路"引领国际自贸区发展之战略思考》，《国际贸易》2015 年第 12 期。

陈文新、谢婷婷：《中国新疆与中亚国家金融合作的可行性及对策》，《会计之友》2010 年第 4 期。

陈晓艳：《"丝绸之路经济带"战略背景下新疆边境贸易发展研究》，《对外经贸》2014 年第 12 期。

陈亚军：《我国区域协调发展的政策内涵》，《经济研究参考》1996 年第 1 期。

程路恒：《新丝绸之路能源战略研究》，《合作经济与科技》2016 年第

18 期。

仇娟东：《内陆开放型经济建设的理论与实践研究——以宁夏为例》，《石家庄经济学院学报》2015 年第 5 期。

储殷、高远：《中国"一带一路"战略定位的三个问题》，《国际经济评论》2015 年第 2 期。

崔治文、赵妍：《"新丝绸之路经济带"经济协同发展研究》，《改革与战略》2015 年第 31 期。

代明、丁宁等：《基于马克思级差地租理论的流域经济梯度差异分析》，《马克思主义研究》2010 年第 12 期。

丁宁、李佳鸿：《东江流域经济梯度差异现状、成因及对策分析》，《中国市场》2010 年第 14 期。

丁莹：《民族地区涉外科技合作研究》，硕士学位论文，中南民族大学，2012 年。

董锁成等：《"一带一路"生态旅游带发展模式与对策》，《中国科学院院刊》2016 年第 6 期。

杜德斌、马亚华：《"一带一路"：中华民族复兴的地缘大战略》，《地理研究》2015 年第 6 期。

樊尊：《河南对外开放竞争力研究》，硕士学位论文，河南大学，2009 年。

范爱军、白玉竹：《丝绸之路经济带建设对中国与中亚五国贸易互补性影响》，《东方论坛》2015 年第 5 期。

范春：《中亚旅游投资机遇障碍分析及投资策略选择》，《改革与战略》2017 年第 3 期。

范国强：《长三角科技创新合作机制与路径研究》，硕士学位论文，中共浙江省委党校，2018 年。

范钦钦：《我国区域经济综合竞争力评价与提升对策》，《商业时代》2013 年第 34 期。

冯玲玲：《中国与哈萨克斯坦旅游差异性互补性分析》，《北方经济》2014 年第 8 期。

冯宗宪、蒋伟杰：《基于产业内贸易视角的"一带一路"国家战略研究》,《国际贸易问题》2017年第3期。

高晓燕等:《县域经济、县域金融及其协同发展——基于复合系统协调度模型的检验》,《江汉论坛》2016年第6期。

高新才、王一婕:《丝绸之路经济带背景下中国与中亚国家贸易互补性研究》,《兰州大学学报》(社会科学版)2016年第2期。

耿德伟:《京津冀产业协同发展研究》,《发展研究》2016年第7期。

龚晓菊、申亚杰:《天山北坡城市群产业协同发展分析》,《经济研究参考》2017年第37期。

龚新蜀、马骏:《"丝绸之路经济带"交通基础设施建设对区域贸易的影响》,《企业经济》2014年第3期。

郭桂霞、彭艳:《我国资本账户开放的门槛效应研究》,《金融研究》2016年第3期。

郭佳、扶涛、杨青:《我国西部地区产业结构转型升级影响因素分析》,《中国社会科学院研究院学报》2015年第2期。

郭天宝、杨丽彬:《浅析"一带一路"建设对国家的影响及政策建议》,《对外经贸》2015年第12期。

国家发展改革委、外交部、商务部:《推动丝绸之路经济带和21世纪海上丝绸之路远景与行动》,《人民日报》2015年3月29日。

H. 哈肯:《协同学引论》,徐锡申、陈式刚、陈雅深等译,原子能出版社1984年版。

哈里木拉提:《中国新疆与哈萨克斯坦产业的互补性与竞争性研究》,硕士学位论文,新疆师范大学,2011年。

韩延玲:《新疆区域竞争力组合评价研究》,《新疆财经大学学报》2012年第3期。

郝玉柱、许玉云:《京津冀开放型经济协同度分析》,《经济研究参考》2017年第7期。

何盛明:《财经大辞典》,中国财政经济出版社1990年版。

何腾:《基于协同学的西部民族地区旅游城镇化发展研究》,《贵州民族研究》2013年第34期。

何辛锐:《基于价值链的内蒙古乳制品企业管理创新研究》,硕士学位论文，内蒙古财经学院，2010年。

贺西安、任虹、张小云等：《浅谈我国新疆与中亚五国的科技合作》，《科技情报开发与经济》2011年第6期。

胡北明、张琳婧：《自驾时代下旅游目的地智慧旅游系统构建——基于内容分析法研究》，《四川理工学院学报》（社会科学版）2016年第5期。

胡丹、晏敬东：《基于产业梯度系数的湖北承接产业梯度转移对策研究》，《武汉理工大学学报》2014年第3期。

胡敏：《丝绸之路经济带建设对新疆的机遇与挑战》，《赤峰学院学报》（自然科学版）2016年第11期。

华锦木、卢燕、谭俊蕾：《中国新疆与中亚五国科技合作现状、问题与建议》，《新疆社会科学》2014年第5期。

黄爱莲：《空间正义与中越跨境旅游合作》，《旅游学刊》2017年第4期。

黄静茹、白福臣、张苇锟：《广东—东盟科技合作模式及平台建设——基于"21世纪海上丝绸之路"的背景》，《资源开发与市场》2017年第10期。

黄敏聪：《美、德、日、韩国际科技合作的特点分析》，《科技视界》2016年第21期。

江凤香、周芳：《丝绸之路经济带背景下中国与中亚各国合作模式的构建》，《经济研究导刊》2017年第32期。

姜霞：《关于湖北省三次产业梯度地位的实证分析》，《当代经济》2015年第5期。

蒋丽君：《基于因子分析的河南对外开放竞争力评价》，《经济视角》2010年第5期。

金辉：《我国加工贸易的转型升级研究》，硕士学位论文，首都经济贸易大学，2005年。

金卫东：《智慧旅游与旅游公共服务体系建设》，《旅游学刊》2012年第2期。

景民昌、张芹、于迎辉：《"一带一路"背景下中亚五国的科学发展及其与我国科学合作研究》,《情报探索》2018年第7期。

靖学青:《长江经济带产业转移与区域协调发展研究》,《求索》2017年第3期。

孔凡斌、李华旭:《长江经济带产业梯度转移及其环境效应分析》,《贵州社会科学》2017年第9期。

李答民:《区域经济发展评价指标体系与评价方法》,《西安财经学院学报》2008年第5期。

李豪:《提升中国新疆与中亚五国经贸合作层次的战略分析》,硕士学位论文,西南财经大学,2013年。

李慧、刘志迎、周彬:《泛长三角区域产业差异及产业梯度系数比较分析》,《江淮地理》2009年第6期。

李军军、周利梅:《基于聚类分析视角的我国省域经济综合竞争力研究》,《福建师范大学学报》2008年第1期。

李猛:《中国自贸区服务与"一带一路"的内在关系及战略对接》,《经济学家》2017年第5期。

李闽榕:《全国省域经济综合竞争力评价研究》,《管理世界》2006年第5期。

李鹏、胡艺凡:《产业梯度转移》,《产经评论》2016年第2期。

李晴:《丝绸之路经济带背景下新疆农产品加工贸易战略研究》,硕士学位论文,新疆农业大学,2016年。

李泉、石国海:《"丝绸之路经济带"区域金融发展能力研究》,《西华大学学报》2016年第3期。

李松柏:《环太湖城市旅游竞争力与区域旅游合作研究》,《经济地理》2014年第2期。

李晓、李俊久:《"一带一路"与中国地缘政治经济战略的重构》,《世界经济与政治》2015年第10期。

李毅、颜实:《青海省利用科技创新体系建设引领丝绸之路经济带发展的对策与建议》,《青海科技》2018年第2期。

李毅、李正欣:《促进青海省对外贸易发展的对策与建议》,《江苏商论》2015年第3期。

李育钢、任保新：《2013年宁夏对外贸易发展研究》，《宁夏党校学报》2014年第4期。

李云鹏等：《旅游信息服务视阈下的智慧旅游概念探讨》，《旅游学刊》2014年第5期。

厉无畏、许平：《丝绸之路经济带上的金融合作与创新》，《毛泽东邓小平理论研究》2014年第10期。

林硕：《东北亚区域经济合作的前景与阻力》，《东北亚经济研究》2018年第1期。

刘炳炳、邵一珊：《新疆向西开放竞争力指标体系构建及评价》，《中央民族大学学报》2014年第2期。

刘刚：《"一带一路"战略下中国西部对外开放路径选择》，博士学位论文，对外经济贸易大学，2016年。

刘军林、范云峰：《智慧旅游的构成、价值与发展趋势》，《重庆社会科学》2011年第10期。

刘琳秀：《"一带一路"背景下新疆面临的机遇和挑战》，《经济论坛》2015年第4期。

刘卫东：《"一带一路"：引领包容性全球化》，《中国科学院院刊》2017年第4期。

刘艳芝：《"一带一路"背景下的新疆经济发展研究》，《经济论坛》2016年第2期。

卢燕：《新疆高校与中亚五国开展科技合作模式研究：以新疆师范大学为例》，《新疆师范大学学报》（自然科学版）2009年第3期。

罗捷茹：《加拿大产业协同发展的经验及启示》，《宏观经济管理》2013年第2期。

雒永峰：《西北民族地区独具特色的休闲旅游分析》，《企业技术开发》2016年第6期。

马骥、李四聪：《中国与中亚五国贸易互补性与竞争性分析——以"丝绸之路经济带"为背景》，《新疆财经大学学报》2016年第1期。

马林：《民族地区可持续发展论》，民族出版社2006年版。

马勇、刘军：《丝绸之路旅游文化经济带全球发展战略研究》，《世界地理研究》2014年第2期。

米婧：《核心竞争力视角下特色农业产业链形成与发展理论及案例研究》，硕士学位论文，湖南科技大学，2013年。

聂新：《新丝绸之路经济带背景下新疆稳定工作面临的挑战及对策研究》，硕士学位论文，石河子大学，2017年。

牛新民：《中国新疆织就与中亚国家"一带一路"科技合作协同网络》，《科技中国》2017年第10期。

彭耿、刘芳：《武陵山片区区域经济协同度的评价研究》，《经济地理》2014年第10期。

綦良群、王成东：《产业协同发展组织模式研究——基于分形理论和孤立子思想》，《科技进步与对策》2012年第16期。

秦贤宏、段学军：《长三角极化区形成过程中的经济梯度演变特征及政策启示》，《长江流域资源与环境》2018年第6期。

邱国栋、马巧慧：《企业制度创新与技术创新的内生耦合——以韩国现代与中国吉利为样本的跨案例研究》，《中国软科学》2013年第12期。

邱建华：《企业技术协同创新的运行机制及绩效研究》，博士学位论文，中南大学，2013年。

阮安：《中国对哈萨克斯坦石油工业的直接投资研究》，硕士学位论文，华东理工大学，2014年。

邵迎、王小梅、阿克瑛：《青海省国际科技合作发展状况分析》，《青海科技》2018年第3期。

申现杰、肖金成：《国际区域经济合作新形势与我国"一带一路"合作战略》，《宏观经济研究》2014年第11期。

宋振华、赵光洲：《试论云南高校与东盟国家科技合作的可行性》，《未来与发展》2011年第9期。

苏建兰：《云南松茸产业链经济学分析及优化对策研究》，博士学位论文，北京林业大学，2011年。

孙楚仁、张楠、刘雅莹：《"一带一路"倡议与中国对国家的贸易增长》,《国际贸易问题》2017年第2期。

孙海华:《中国西部各省对外开放竞争力评价研究》,硕士学位论文,西北大学,2007年。

孙慧、韩菲菲:《我国30个省市对外开放竞争力评价——基于主成分分析》,《技术经济与管理研究》2013年第5期。

孙久文、张红梅:《京津冀一体化中的产业协同发展研究》,《河北工业大学学报》(社会科学版)2014年第3期。

谭崇台:《发展经济学》,武汉大学出版社2003年版。

唐红祥:《广西参与"一带一路"建设的战略思考》,《广西社会科学》2016年第1期。

唐璐璐、张鑫:《安徽省区域经济差异性分析》,《安徽农学通报》2012年第9期。

田丽敏:《中国民族地区特色产品产业价值链治理研究》,博士学位论文,武汉大学,2010年。

田笑丰、周园:《我国产业区域梯度转移研究》,《商业经济研究》2015年第19期。

汪应洛、王树斌、郭菊娥:《丝绸之路经济带能源通道建设的战略思考》,《西安交通大学学报》2015年第3期。

王骠宇:《全球价值链分工下湖南产业转型升级研究》,硕士学位论文,湘潭大学,2010年。

王冠:《河南省四个经济区产业梯度比较及优化探讨》,《皖西学院学报》2015年第3期。

王虹、廖文品:《政府主导型智慧旅游发展模式研究》,《社会科学论坛》2014年第5期。

王力:《我国产业结构变动效应的测度》,《内蒙古科技与经济》2005年第9期。

王利辉、刘志红:《上海自贸区对地区经济的影响效应研究——基于"反事实"思维视角》,《国际贸易问题》2017年第2期。

王述芬:《推动文化产业成为新疆国民经济特色产业研究》,博士学位论文,新疆大学,2015年。

王伟娜：《"一带一路"战略背景下新疆区域经济协调发展的探讨》，《山东纺织经济》2017年第7期。

王玮：《开放视角下的包容性增长——以金砖国家合作为例》，硕士学位论文，对外经济贸易大学，2015年。

王玉梁：《对外开放对中国犯罪率的影响研究》，硕士学位论文，南京大学，2015年。

王云、宋风长：《安徽产业梯度比较与优化分析》，《合肥学院学报》2017年第5期。

王云：《长三角地区产业梯度比较与优化研究》，《宿州学院学报》2017年第3期。

王兆峰、腾飞：《西部民族地区旅游利益相关者冲突及协调机制研究》，《江西社会科学》2012年第1期。

王照地：《民族自治地方承接产业转移促进产业结构优化升级研究》，博士学位论文，中央民族大学，2015年。

王志飞、李豫新：《中国新疆与中亚五国区域经济合作研究》，《经济与管理》2009年第2期。

魏国江：《价值链分工与我国产业结构优化研究》，博士学位论文，福建师范大学，2008年。

魏明亮、王林霞：《陕西省—中亚五国贸易交往与产业结构变动关系实证研究》，《西安电子科技大学学报》（社会科学版）2015年第3期。

邬晓霞、卫梦婉、高见：《京津冀产业协同发展模式研究》，《生态经济》2016年第2期。

吴宏伟：《中国与中亚五国的贸易关系》，《欧亚经济》2011年第6期。

吴声：《宁夏对外科技合作现状及对策研究》，《科技与创新》2018年第15期，第35—36页。

吴瑜：《"一带一路"背景下新疆对外贸易的发展潜力研究》，《中国商论》2017年第2期。

夏超、骆华松、许龙龙：《中国内陆沿边省份对外开放竞争力研究》，

《云南地理环境研究》2014年第10期。

向晓梅、杨娟：《粤港澳大湾区产业协同发展的机制和模式》，《华南师范大学学报》（社会科学版）2018年第2期。

项后军、何康、于洋：《自贸区设立、贸易发展与资本流动——基于上海自贸区的研究》，《金融研究》2016年第10期。

谢立钦：《中国地方纺织产业集群嵌入全球价值链与升级研究》，硕士学位论文，浙江大学，2005年。

谢雅珠、李光勤：《海西经济区产业差异与主导产业选择研究》，《发展研究》2015年第1期。

熊关：《中亚五国旅游业的现状评析》，《俄罗斯中亚东欧市场》2008年第4期。

徐艳：《我国西北地区与中亚五国地缘经济合作发展研究》，硕士学位论文，西南师范大学，2003年。

许凌：《中国和阿拉伯国家开启"新丝绸之路"》，《经济日报》2013年。

许雯：《"一带一路"战略背景下新疆农产品出口政策研究》，硕士学位论文，西北农林科技大学，2017年。

阳双梅、孙锐：《论技术创新与商业模式创新的关系》，《科学学研究》2013年第10期。

杨博：《宁夏特色农业产业化研究》，硕士学位论文，中央民族大学，2011年。

杨荣斌、郑建瑜、程金龙：《区域旅游合作结构模式研究》，《地理与地理信息科学》2005年第5期。

姚国章：《智慧旅游的建设框架探析》，《南京邮电大学学报》2012年第2期。

姚慧琴、孙海华：《西部各省对外开放竞争力评价》，《江西社会科学》2006年第9期。

叶黎昱：《"一带一路"背景下新疆风电产业发展及其效益研究》，硕士学位论文，新疆大学，2016年。

伊万·沙拉法诺夫、任群罗：《"丝绸之路经济带"背景下哈萨克斯坦产业投资环境研究》,《俄罗斯研究》2017年第1期。

尤艳丽:《宁夏经济外向型及其发展策略研究》,《中国外资》2013年第3期。

于津平、顾威:《"一带一路"建设的利益、风险与策略》,《南开学报》(哲学社会科学版)2016年第1期。

于倩、王雁芸:《中国西北五省与中亚五国次区域经济合作的边界效应》,《全球化》2017年第7期。

余璐:《基于产业价值链视角的青海藏药产业发展战略研究》,硕士学位论文,青海大学,2015年。

余明桂、范蕊、钟慧洁:《中国产业政策与企业技术创新》,《中国工业经济》2016年第12期。

袁丽君、高志刚:《依托"跨国丝绸之路"加强区域经济合作》,《开发研究》2014年第1期。

曾荣平、彭继增:《长江经济带梯度开发开放与产业转移的对策研究》,《科技管理研究》2015年第24期。

张凤丽:《资源环境约束下新疆产业转型路径研究》,博士学位论文,石河子大学,2016年。

张磊:《"一带一路"战略与中国少数民族地区社会经济发展》,《中央民族大学学报》2016年第4期。

张明清:《东北亚区域经济发展战略思考》,《东北亚经济研究》2017年第1期。

张明之:《区域产业协同的类型与运行方式——以长三角经济区产业协同为例》,《河南社会科学》2017年第4期。

张乃丽、徐海涌:《我国西北五省区与中亚五国贸易潜力研究》,《山东社会科学》2016年第4期。

张伟:《中国"一带一路"建设的地缘战略研究》,博士学位论文,吉林大学,2017年。

章文光、田茂运:《"一带一路"建设与民族地区经济发展契合性分析》,《新视野》2017年第2期。

赵华胜:《"一带一路"的关注点及切入点》,《新疆师范大学学报》

2014年第3期。

郑茜:《广东区域科技创新环境建设研究》,硕士学位论文,广东省社会科学院,2015年。

钟玲:《全球价值链视角下海南旅游产业升级策略研究》,硕士学位论文,海南大学,2013年。

朱慧娟:《"一带一路"建设背景下新疆的机遇与发展潜力》,《山东纺织经济》2016年第12期。

朱新鑫、杨晓林、刘维忠:《丝绸之路经济带背景下中国新疆与中亚五国农业科技合作路径探析》,《农业经济》2017年第4期。

朱珠、张欣:《浅谈智慧旅游感知体系和管理平台的构建》,《江苏大学学报》2011年第6期。

左继宏:《区域经济指标体系及评价方法》,《统计与决策》2004年第2期。

Yiming Liu, Yu Hao, Yixuan Gao, "The Environmental Consequences of Domestic and Foreign Investment: Evidence from China", *Energy Policy*, 2017, 108.